专为0~12岁孩子进行性教育准备的指南

小小宝贝，大大情感

［荷］桑德琳·范德杜夫（Sanderijn van der Doef） 著
［荷］季曦露 译
刘 畅

电子工业出版社
Publishing House of Electronics Industry
北京·BEIJING

Copyright © 2007 Kleine Mensen, grote gevoelens by Sanderijn van der Doef, Uitgeverij Ploegsma, Amsterdam in addition to any copyright line in the Simplified Chinese edition of the said work..

本书中文简体版授权电子工业出版社独家出版发行。未经书面许可，不得以任何方式抄袭、复制或节录本书中的任何内容。

版权贸易合同登记号 图字：01-2018-8907

图书在版编目（CIP）数据

小小宝贝，大大情感 /（荷）桑德琳·范德杜夫著；（荷）季曦露，刘畅译. -- 北京：电子工业出版社, 2019.6

ISBN 978-7-121-36519-5

Ⅰ.①小… Ⅱ.①桑…②季…③刘… Ⅲ.①儿童教育－性教育 Ⅳ.①G479

中国版本图书馆CIP数据核字(2019)第092069号

策划编辑：胡　南
责任编辑：潘　炜
印　　刷：天津嘉恒印务有限公司
装　　订：天津嘉恒印务有限公司
出版发行：电子工业出版社
　　　　　北京市海淀区万寿路173信箱　邮编100036
开　　本：880×1230　1/32　印张：5.25　字数：220千字
版　　次：2019年6月第1版
印　　次：2019年6月第1次印刷
定　　价：58.00元

凡所购买电子工业出版社图书有缺损问题，请向购买书店调换。若书店售缺，请与本社发行部联系，联系及邮购电话：（010）88254888，88258888。
质量投诉请发邮件至zlts@phei.com.cn，盗版侵权举报请发邮件至dbqq@phei.com.cn。
本书咨询联系方式：010-88254210，influence@phei.com.cn，微信号：yingxianglibook。

前言　性教育的重要性

1994年，《小小宝贝，大大情感》(*Kleine Mensen, Grote Gevoelens*)首次出版时，我并没有预料到大众对这类书籍的需求这么大。时至今日，这本书的销量已经超过10万册，并被列入初级中学（MBO）和高级中学（HBO）的文学书单中。我从很多孩子的父母、老师、祖父母，甚至幼保工作者、心理学家、儿科医生和儿童护理人员那里收到了大量正面反馈。在儿童的成长教育里，性教育的普及已经成为了必不可少的一部分。至少在最近几年，儿童性教育已经成为教育工作者越来越重视的课题。

我写这本书的时候，我的三个孩子还在读小学。周围的环境让我越来越重视对孩子们的性教育。当时，他们的"性欲望"已经明显表现出来，在之后的几年里似乎还有爆发性的增强。过去十年，环境改变了很多。与十年前相比，人们通过电视节目和互联网更容易接触到露骨的色情信息。儿童在年幼时会通过媒体接收到关于性方面的信息。即使在白天，电视节目也会播出很多暗含关于性关系、男女角色和性欲望的信息。有些会非常直白，比如MV（Music Video）；还有一些则会表达得比较含蓄，比如成人电视剧。

TNO（与 de Rutgers Nisso Groep 合作）和 Rutgers WP-en Soa Aids Nederland 分别于1995年和2012年在荷兰全国范围内开展了针对荷兰儿童性状况的研究。结果表明：自本书出版，儿童的性行为就在不断变化。对比这两项研究的结果可以看出，尽管儿童不会较早地开始性行为，但是他们的性行为次数自1995年以来一直在增加，并且有越来越多的儿童过早且更加不安全地进行性行为。家长似乎没有给予他们足够的性教育，也没有去引导孩子与性有关的行为。这些孩子会在家庭以外的地方及互联网上主动搜索有关信息，他们会模仿MV（Music Video）和电视剧中角色的行为并认同其价值观。这就难免会带来很多问题，比如强迫性行为、未成年人怀孕、参与轮奸或其他超越底线的伤害他人的性行为。

> 在儿童的成长教育里，性教育的普及已经成为必不可少的一部分。

随着媒体越来越开放，儿童可以通过互联网接触到越来越多的性信息，因此儿童与性有关的行为也在不断发生变化，这就是为什么从孩子小时候就应该强调性教育的重要性。多年来，我对此的观点是：必须尽早和孩子们谈论性和异性关系。不要等孩子进入青春期才开始进行性教育；不要等孩子第一次提出疑问或者出现问题才开始进行性教育。未雨绸缪才是避免问题发生的正道，要在孩子年纪还小时，与孩子进行交流、沟通。

父母可以通过这种方式对孩子在性方面的发展给予帮助和引导。你可以告诉孩子，只要他尊重别人的底线，性可以让每个人都得到快乐——无论老少、肤色或残疾与否。

希望《小小宝贝，大大情感》的中文简体版对中国的家长们有所帮助，也希望它可以跟之前的版本一样，受到家长和教育工作者们的喜爱。此外，2013年，我曾在TED上做过关于这一主题的演讲[1]（可以在YouTube.com上搜索），也欢迎读者们点击观看。

桑德琳·范·德·杜夫

（Sanderijn van der Doef）

---

1 演讲题目：Children and sexuality: protection or education?（全英文演讲）——编者注

目录

第一章	儿童的性	1
	什么是性？	2
	性与成年人	4
	对儿童而言，性存在吗？	5
	关于儿童的性的案例	8
	宝贝不大，情感却很丰富	13

第二章	从婴儿到青少年的性发展	15
	有限的研究	16
	性健康发展的条件	18
	0~2 岁	19
	2~4 岁的儿童	22
	4~6 岁的儿童	26
	6~8 岁的儿童	30
	8~10 岁的儿童	33
	10~12 岁的儿童	35
	年龄并不是标准	40

目录

第三章　**性启蒙还是性教育？**　41
什么是性教育？　42
十个关于性教育的建议　45
交谈是最好的方法　47
身体接触　50
学校性教育　51
个人背景的影响　53
措辞　56
开始性教育的最佳年龄　58
开始性教育的最佳时机　60
性教育时可用到的书籍　65

第四章　**与儿童讨论的主题**　67
性与成年人　68
身体和情绪上的发育　71
个人技能　74
人际关系　75
性行为　77
性与健康　79
社会、文化和信仰　82
性和媒体　84

第五章	关于儿童的性的界限	85
	设置自身的界限	88
	尊重孩子的界限	90
	儿童永远不会提出被性侵害的要求	92
	你无法再和孩子多交流些什么了吗？	96
	偏离主题的儿童游戏	98
第六章	常见疑问	101
	儿童会出现自慰的现象吗？	103
	让孩子看到父母在进行性爱是一件严重的事情吗？	106
	在什么时候向孩子解释避孕？	108
	当孩子想要尝试进行性行为时，我应当采取什么措施？	110
	我10岁的儿子发现了我的性玩具。我现在应该怎么办？	112
	如何与家长和其他教师探讨关于性教育的看法？	114
	儿童之间的性游戏	117
	月经初潮和首次遗精	120
	关于处女膜的误解	123

男孩的包皮 126
该如何谈论关于自慰、性高潮以及性
欲这些主题? 128
何时以及如何谈论性侵害? 131
你该怎么向孩子解释同性恋? 134
如何与别人的孩子谈论性? 137
可以色情聊天吗? 140

给孩子、家长、老师和其他教育工作者的书籍 147
参考资料 151

1
CHAPTER

第一章

儿童的性

什么是性？

想要明白什么是儿童的性，我们首先要问问自己，我们日常生活所指的性是什么？"性"这个词很难描述，它与肉体、亲切感、情欲和某种特定的感觉有着一定的关系。通常，性的定义是"所有和性有关的东西"。但是"性"又是什么呢？在文学与科学研究中，"性"这个词的定义是不同的。大家似乎都明白性是什么意思，但却难以给它下一个明确的定义——每个人都会根据自己的经验给出自己的定义。

如果你问别人："对你来说，性是什么？"那么你将会得到许多不同的回答，例如："一切与性交有关的事。""当我见到美女或者帅哥时所产生的激动感受。""身体之间的相互吸引力。""一起坐在浴缸里，给对方涂抹沐浴露时的感觉。""当你触摸对方时，你全身流过的酥麻感。""做爱和射精。""一顿浪漫的烛光晚餐。"一千个人有一千种答案——你问了多少个人，就会得到多少种回答。

性，显然是非常具有个人色彩的概念。当你看着这些不同的回答，你会发现性是和感官相联系的——观察、感受、闻、触碰、抚摸、按摩,以及对于某些人来说性甚至和吃东西相关。你大可将"性"定义如下:所有来自你自己身体和他人身体,还有你自己造成或者他人带给你的特殊的(紧张、激动、愉悦或者不愉悦的)行为和感受。

这个定义基本涵盖了上述所有人对性的理解,既包括了只把性和求爱、触摸生殖器、性交联系在一起的人,也包括了把性与喜欢欣赏美好身体联系在一起的人,还包括把性与一顿烛光晚餐联系到一起的人。

对于"性",其实世界范围内还未有统一的定义。但是,世界卫生组织2006年提出了一个关于该定义的草案:"性"是贯穿人类生命的核心内容,包括生理的性、性别身份和角色、性倾向、性欲望、性愉悦、亲密关系和生殖行为。人们对性的体验和表达可以体现在思考、幻想、欲望、信念、态度、价值观、行为、实践、角色和人际关系等多个方面。性可以包括所有这些方面,但不是所有这些都一定能被体验或者表达出来。性受到生理、心理、社会、经济、政治、伦理、法律、历史、宗教和精神等多个因素之间相互作用的影响。[1]

---

1 http://www.who.int/reproductivehealth/topics/sexual_health/sh_definitions/en/

性与成年人

对于许多成年人来说,性有着生理上的意义:求爱、触碰、摩挲、观察、接吻、性交(不管以什么方式)和性高潮。

此外,性也有着情感方面的意义。它可以是一种交流形式。通过性的结合你可以让对方体会到你的爱意和你想与对方更加贴近的想法。其次,对于一些人来说,性生活能带给他们安全感,或者是一种帮他们放松心情和解压的方式。

性可以表现在语言里、调情中,甚至眼神、穿着、接吻、爱抚中,等等。

我们可以从不同的角度来描述性这个概念。比较狭隘的观点是认为应该以生理方面的因素为中心,例如欲望、亢奋和性高潮。而比较开放的观点则认为,有许多不同的因素可以影响性,比如性别特征、身体敏感度和彼此关系的发展。

对儿童而言，
性存在吗？

许多成年人认为，性主要表现为求爱、性交和性高潮，这也就不难理解为何那些成年人认为儿童不会有性欲望。

很长一段时间以来，"儿童也有性欲望"这一观点一直未被肯定。的确，这也很符合逻辑，因为求爱、性交和性高潮都不是儿童的日常行为，以至于人们常常以此推断儿童是不具有性欲望的。假如人们把性仅仅和生殖、性交还有求爱联系在一起，也就是从成年人的角度看待性，这种视角是非常狭隘的。

> 从出生开始，每一个小孩都是一个处在"性"初级阶段的个体。

如果我们给"性"下一个更宽泛的定义，那么就会发现它的覆盖面其实非常广，例如观察彼此的身体、对彼此裸体的感觉、互相触摸对方的性器官、触摸自己的性器官、扮演医生给对方检查身体或者亲吻等等，上述行为都会带来下腹隐私处的快感和刺激。

第一章 儿童的性

每个孩子从出生起，就有对于性的最基本感觉。这种感觉同其他基本感觉和情感一样，还会进一步发展。从某种程度来说，婴儿对性的感觉和婴儿性行为，与成人的性感觉和性行为是两码事。这个时候，孩子的身体发育和情感发育才刚刚开始。不过，此时触碰一个新生儿的性器官时，他也会有相应的反应。因此，即便是很小的孩子，也能够体会到与成人性感觉类似的感受。而且儿童也会有性行为，也能够体会到性感觉——当然，这也是性。

性在身体方面和情感方面具有不同的功能，例如交流情感（情感方面），或者使身体放松（身体方面）。

性可以通过不同方式表现出来，反映在口语和非口语行为上，也反映在性交和性高潮上。不过，儿童尚未把上述所有这些特征、功能和表现形式与性联系在一起。这是一个需要发展的过程。

儿童也可以达到性高潮。有幼儿园老师偶尔发现（有时候是家长发现），儿童在自慰过程中会表现得像获得了性高潮一般。

但是性高潮并不是儿童性行为的目的。他们尚未发现性行为和性高潮之间的联系，他们需要再长大一些才能认识到这一点，并在青春期开始之后才会将其付诸实践。就我们的文化而言，性交并非是一种正常的儿童行为。大部分儿童认为性交是成人的性行为，认为那是只有大人们才会做的奇怪事情。

对于儿童而言，性更多的是探索自己的身体以及与之相应的感觉。在儿童最初成长的若干年中，他们对性的认知会一直与此相关。性，最开始主要与触摸自己的身体有关，之后也与触摸和探索他人的身体有关。此后，性就与对他人特殊的情感——爱情——有了联系。虽然发展速度是缓慢的，但是一定会出现我们所说的生理吸引。

关于儿童的性的案例

儿童的性不能与成年人的性相比较。因为儿童的性有着不同的功能和表现形式。具体案例如下：

婴儿的阴茎勃起

"我四个月大的小儿子有时候阴茎会变硬，但由于每次出现这种情况之后，他都会尿尿，我就一直认为他要尿尿才会这样。"

许多男孩的家长发现，孩子在婴儿时期就会出现阴茎勃起的现象。这与性有关吗？科学家对此尚未有定论。一些研究人员、教育工作者和性学家认为，婴儿的阴茎勃起是一种产生性快感的表现。他们认为勃起的婴儿感受到了快感。而另一部分人则认为男婴的勃起并不总是由性刺激引起，也可能是膀胱受压造成的。这些学者称，男婴勃起后几乎都会排尿，且尿液喷出时会呈现大弧度。况且，在男婴长大后出现勃起也并不总是与性刺激有关。想一下成年男性的晨勃。阴茎勃起是身体在受到某些特定刺激（并不总是性刺激）时的一种自动应激反应。所以男孩子不由自主地勃起，并不一定就伴随着性快感。

肌肤接触

"我8岁的女儿非常喜欢我轻轻地挠她痒。当她还是婴儿的时候就已经很喜欢别人按摩她裸露的肌肤了。"

不论是刚出生的宝宝还是大一些的孩子，对儿童而言，肌肤接触都是很重要的，而且这还能为他们带来舒适的感觉。所以儿童会通过触摸自己身上不同部位来学会区分不同的身体感觉（毕竟抚摸手臂的感觉与在脚底挠痒痒的感觉是不一样的），这对之后的性体验非常重要。除此之外，肌肤接触也是一种表示关爱的方式，能给孩子带来安全感。孩子们通过这种方式学会欣赏自己的身体，感受他人对自己的重视。这是对自己的身体有积极评价、拥有健康的情感发展和性发展的重要前提。

但如果儿童在婴幼儿时期的肌肤接触不足，那么长大后可能会出现情感问题，甚至会反社会。毕竟，儿童没有享受过被呵护的肌肤之亲，也就不会知道如何带给他人。

观察彼此的身体

"我女儿3岁了,她经常和其他女生一起把衣服脱光,然后仔细观察对方的身体,她觉得这是一种非常有趣的游戏。"

观察彼此的身体是三四岁的儿童非常喜欢的游戏。它源于儿童对其他孩子身体的好奇心,尤其是对对方身体隐私部位的好奇。对于大多数孩子来说,这些游戏会让他们有积极的兴奋感,会唤起那些日后成为他们性感受的感觉基础。儿童在游戏中感到的兴奋,与他们玩捉迷藏,或偷偷在陌生阁楼上探险的兴奋是不同的。虽然其他活动也很令人兴奋,但并不是以性为基础的。

触摸性器官

"我5岁的孙女在晚上睡觉的时候,喜欢两腿间夹一个枕头。"

儿童在幼年时就会发现接触、摩擦或抚摸自己的生殖器官会有种愉悦的感觉。这种感觉是他们触摸其他身体部位时所没有的。对于一个孩子来说,这个发现非常重要。而如果某种感觉让他感到很愉悦,他就会不断尝试获得这种感受，尤其是当孩子沮丧、疲惫或者无聊的时候。接下来，他还会发现，可以通过用某个东西摩擦性器官来自行获得这种感受。如沙发扶手、玩具、枕头或自己的手。这些都与他对身体的探索和相应的（性的）感觉有关。

恋爱

"我儿子才9岁，但他们班里已经有许多同学谈恋爱了。"

小学生的爱情和恋爱关系一般得不到大人的重视和接纳。但对孩子们自己而言却非常重要。对他们来说，恋爱和恋爱关系就像成年人的恋爱一样热烈。只不过儿童处理这种感情的方式与成年人处理这种感情的方式存在天壤之别。

> 一个8岁的孩子会因为爱情变得非常局促不安。

与成年人不同，孩子们坠入爱河的时候，不会渴望肢体接触，他们不想舌吻，也不想跟对方做爱（至少这么小的时候不想）。儿童对于爱情的诠释与他们的年龄相符。

一个4岁的孩子说自己在恋爱时，他/她指的是跟一

第一章 儿童的性

个特别的人有着特别的友情关系。儿童表达自己爱的方式是经常跟对方一起玩耍，或送对方东西（比如一幅画或玩具）等。

一个8岁的孩子说自己恋爱了，会明显表现出害羞的样子。因此，他所谓的恋爱，已经可以清楚地与4岁孩子的"友情"区别。

10岁的孩子在恋爱时，会清楚地要求对方经常陪伴自己，对方一个轻轻的触碰都会让他/她感到很激动（太频繁的触碰则会让这种感觉消退）。

虽然儿童和成人都会用到"爱情"这个词，且两者对待"爱情"的态度同样认真，但两者在爱情中的行为举止和感受却不尽相同。你肯定会问，儿童的恋爱和恋爱关系，与性有没有关系呢？我认为肯定是有的，只不过前提是你要把"性"放在最为宽泛的定义上来理解。

宝贝不大，
情感却很丰富

孩子年幼的时候就会有性的感觉。因此每个尚在成长中的孩子都有权获得正确、且与自身年龄相符的指导、支持、建议以及与性相关的信息。而且，我们要提供给孩子积极、明确的信息，让他们从现在起，直至他们的青春期、成人后都能不带内疚感和羞耻感地享受性。让孩子尊重他人的性甚至是自慰行为，并能够对自己的性生活选择负责任。这就是这本书想要帮助父母达到的目标。

2

CHAPTER

第二章

从婴儿到青少年的性发展

第二章 从婴儿到青少年的性发展

有限的研究

孩子在成长过程中,各方面都会逐渐发育,包括身体、思考方式、情感等,当然也包括性发育。虽然孩子的性特征、性感受和性行为与成人的明显不同,或者说他们不存在成人的性特征、性感受和性行为,但无论是在身体上还是情感上,他们在这方面的基础,都是存在的。

不少关于身体、情感以及智力发展方面的书籍问世后,很多著名科学家和儿童心理学家以儿童研究为基础,发表了儿童成长的理论,对儿童到成人的成长过程进行了多方面的阐述。可惜,针对儿童性发育的研究却少之又少。人们关于这方面的认知主要是通过观察和聆听,从实践教育上获得的。

对于儿童性研究的缺乏有很多原因。其中之一是很长一段时间以来,人们并不知道儿童身上也有性,因此便认为没必要对其进行研究。

另一个原因是对于儿童性行为和性情绪的研究方法存在问题。在对儿童进行问卷调查或是访谈时,有些关于性行为的概念需要转换成儿童的语言,这也增加了正确理解这些概念的难度。

此外，并非每次对儿童行为的观察都能成功。关于儿童的性研究大多数都是通过回顾的方式完成，也就是说，向成人询问他们对童年的记忆。这种调查方式不完全可靠。而且，这种方式不能让我们了解两三岁儿童的性行为，因为人们通常对自己出生后最初几年的时光没有记忆。

因此，我们无法对不同年龄段儿童的性发展详尽描述，不过可以通过一些研究成果和教育工作者收集的数据，对某个年龄段的行为特征以及与生殖器官发育相关的身体特征做出大概的描述。

此外，我们还可以从以下几个方面来对性发育做出最大限度的描述。

- 关于性别（是男孩或是女孩）方面：性别认同、性别角色和性倾向的发展。
- 关于身体方面：对自己身体以及他人身体的探究和触摸。
- 关于亲切感方面：由上述方面所产生的不同类型的感受。

性健康发展的条件

成人想要以一种健康的方式引导孩子的性观念，但有一些必要的前提条件。除了之前提到的肌肤接触外，性研究专家里克·范·伦森（Rik van Lunsen）还提出了以下几点：

·积极正面的成长环境：孩子们需要在成长环境中得到足够的爱和安全感。不存在暴力，尤其是与性有关的暴力。

·积极正面的互动行为：成人要以积极正面的方式与孩子进行互动。

·积极正面的性信息，例如向孩子传达：性是正常的，不是错的；性是好的、舒适的、充满乐趣的等等。

·告知孩子可以在适当的年纪进行性行为。

·给予孩子关于生殖器官、内分泌学的完整分析：只有生殖器官和内分泌系统的正常发育，孩子才能发育成为性别明确的男孩或女孩。

美国性学家约翰·马尼（John Money）认为，几乎每个孩子都会在6~8岁时创造一份所谓的"爱的地图"。这是存在于个体大脑中的"地图"。在这里，关于性和爱的思想、愿望和期望，已经根据这个孩子在生命早期所获得的经历逐渐成型。

0~2岁

对于新生儿来说,最重要的是自己直接的需求得到满足。不然,他们就会感到不愉快,并且会通过哭闹来表达这种情绪。婴儿会通过吸吮获得满足感和愉悦感。这可能是因为单纯的吸吮,也可能是因为吸吮的同时填饱了肚子。

嘴巴是婴儿与世界保持联系的最重要的器官。其吸吮反射在出生之际就会即刻变得非常强烈。婴儿大一些时,嘴巴仍然很重要,他们会通过嘴巴认知这个世界。婴儿会抓住新见到的物体,放入嘴中,通过嘴唇、舌头和味觉来判断物体。

> **肌肤接触是婴儿获得满足感的来源。**

婴儿的嗅觉在出生之后也会变得很发达,而且会因为闻到母亲的气味而感到舒适。婴儿的听觉使之在出生几天后就可以分辨出母亲和其他人的声音。此外,婴儿的触觉也已经十分发达,肌肤接触是婴儿满足感的来源。

婴儿非常享受在哺乳时或是洗澡时被爱抚,也很享受洗澡后别人用婴儿油按摩肌肤时的感觉。

如果父母和看护人员能对婴儿这方面的需求给予回应，就能帮助孩子积极正面地成长。

可以肯定的是，婴儿会慢慢获得更多使其感到舒适的机会：如果我哭闹，就会有人过来安抚；如果我饿了，只有让周围的人知道，我才能有奶喝。一个孩子会从实践中总结经验，获取新的技能，使自己的世界变得越来越丰富。

四到六个月时，婴儿可能会第一次触摸并握住自己的生殖器官。他会第一次体验一种别样的感觉。这种感觉与他握住自己的手、脚、毛茸茸的玩具或是塑料摇铃不同。这是他人生中第一次可以同时享受愉悦感和刺激感，此后，这会发展成为我即将提及的所谓的"性"。青春期之后，这些感受才会在荷尔蒙的作用下具有繁殖功能。婴儿此时只是发觉这些感受并尽量体验。最初，婴儿会在偶然的情况下体验到这些感受，并且在放开自己生殖器官时就会即刻忘记。但到了婴儿2岁时，他的记忆力已经发育到能够记住不久前做过让自己愉快的事了。从那一刻开始，儿童会反复触摸自己的生殖器官以再次得到那种感觉。此时，成人绝对不能立刻强迫孩子终止这种行为，也不能因此惩罚孩子——这一点非常重要。接下来，我将解释，家长遇到这种行为可以如何反应。

孩子感受到自己的生殖器官后，家长往往会认为这种行为最好在变得严重之前就立即加以禁止。然而，孩子通过触摸而体验到的愉快感受对他们自身毫无伤害，为什么要禁止孩子体验这些感受呢？从小就禁止这种行为，会让孩子觉得性感受是被禁止的，这会影响到孩子今后的性发展。一直到孩子们三四岁，我们都不需要教给他们太多的社会规则，因为他们还理解不了这些概念。但从4岁开始，孩子们会做得越来越好。此时你可以逐步教他们社会规则。你要让孩子们清楚地感受到，你批评的不是他们的行为（触摸自己的生殖器官），而是他们做出这种行为的时间点和场所。这样，孩子们就会认识到，性感受以及触摸自身的生殖器官不是被禁止的，但生活中是不允许在公共场合做出这类行为（正如挖鼻孔、打嗝和放屁一样）。

2~4岁的儿童

一般来说，2岁的孩子已经学会了走路，知道如何拿取物品，视力和嗅觉也已经发育完善，可以很好地理解他人对其所说的话。这个年龄段的儿童，很多都已经可以通过语言清楚表达自己的意思，同时，身体也已经长大了不少。

2~3岁的儿童会开始发展不同的个性，这是孩子探究个体的开始，一个不同于任何其他人的个体。他们开始认识自己和自己的身体，会发现衣服包裹下的躯体存在许多新的可能性和多种多样有趣的部位。在其他小朋友和大人的衣服里也有着同样的东西吗？为什么自己两腿之间只有一条缝隙，而另一个孩子身上的相同位置是一个"小小鸟"呢？

这个年龄段的孩子会对彼此裸露的身体表现出浓厚的兴趣。因此，他们会详细研究和触摸自己和他人的生殖器官。此外，儿童还会反复体验这种令人兴奋的性感受，这种感受会在他的成长中变得越来越强烈。他们会对自己的生殖器官触碰、摩擦、轻抚以及玩弄，我们也称之为自慰，但这种行为在目前并不能带来成人或者青少年所体会到的性高潮。

此外，从纯粹生理的角度讲，儿童是可以达到性高潮的。孩子在摆弄自己的生殖器官时，我们偶尔也会观察到儿童性高潮的表现。这一般属于偶然事件，而且孩子并不理解它是怎么产生的。

在这个年龄段，性别特征也在发育中。也就意味着这个年龄段的儿童逐渐发现，世界上有两种人：男人和女人。当孩子意识到自己的性别时，他/她会做出与性别相符的男生或是女生的行为。孩子会以成人的行为和同龄人中同性别的人的行为为榜样。但在这期间，某些孩子也会尝试一些异性的行为。但对于5岁之前的孩子来说，这都属于正常。关于这部分的内容，我做过一个TED演讲（请观看我的TED演讲，了解更多信息：https://www.youtube.com/watch?v=RXvnMpMluhc）

> 年幼的儿童还不知道羞耻的感觉。

如同儿童常常吸吮自己的拇指或者奶嘴，他们也会摆弄自己的生殖器官，这类行为会让他们感到放松舒适。此外，孩子有时会一边吸吮拇指，一边摆弄自己下身的性器官。每个孩子对自己生殖器官的刺激程度是不同的。这种现象可以从不同方面来解释：

一些研究人员认为，每个个体对生殖器的敏感度不同，儿童也是如此。有些孩子对自己身体的探究可能比另一些要晚，而且女孩一般会晚于男孩。两个不同的孩子做出同样的刺激性器官的行为时，身边的成人对这种行为的接受程度也不同。如果身边的成人对孩子的这种行为接受度较低，那么孩子就会较少地在公共场合做出这种行为。儿童经常做出自慰行为，是因为还没有一定的羞耻心，还没有建立对触摸生殖器官行为的社会规范意识。公开触摸自己的生殖器官会带来舒适感，这种行为一般会更频繁地出现在2岁左右以及3~6岁之间。但随着年龄的增长，孩子们会从成年人的反应中得知他们对自慰的态度，然后慢慢降低在大人面前做出这种行为的频率。

在这个年龄段，孩子的语言能力会快速发展。他们发现说话会产生一定作用，例如只要开口要食物和饮料，就会有人给你吃的和喝的；如果喊某个人，他就会来到你面前，诸如此类。儿童会在3岁左右发觉，使用某些单词可以引起大人的注意。这意味着"脏话时间段"已经开始。对于大多处在这个年龄段的幼儿来说，使用"狗屎"、"小便"、"屁股"、"他妈的"等这一类的脏话，是一件有趣的事。他们会使用这些脏话来挑衅大人，试探大人对这种行为的反应。而且不止是对大人这样，孩子之间也会使用这类语言，主要出现在和他人对骂的时候。虽然这类词汇的使用往往会在一段时间以后自动消失，但父母应该及时制止，并且让他们学习什么叫做"社会规范"。

和婴儿一样，这个年龄段的儿童对触摸身体的基本需求也很大。孩子们会喜欢坐在大人的腿上，喜欢被拥抱，被抚摸，也喜欢让大人给自己挠背。无论男孩女孩，都会喜欢这种行为，只是男孩不像女孩一样喜欢坐在大人的腿上，但是男孩也同样喜欢拥抱或是给脖子挠痒的感觉。

每个孩子对触摸自己身体的需求不同。但也有现象显示，在与男孩和女孩相处时，家长会有不同的身体接触程度以及方式。事实证明，家长会早早推开男孩，让他们自己玩耍；而喜欢把女孩抱在怀里，以显示对女孩的宠爱。

4~6岁的儿童

很多孩子从4岁便陆续上学,这是孩子们第一次面对一大群同龄人。在学校里,他们会接触到新的行为规则、道德标准、价值观和社会规范。也许家长或者幼儿园老师会容忍儿童触摸和观察自己或是他人的身体,但小学老师很少能容忍这种行为。

通过这种方式,孩子会知道,公共场所禁止触摸生殖器官。尽管从这个时期开始,孩子会逐渐减少直接探索自己和他人身体的行为次数,但却会更多地通过所谓"性游戏"表现出来,例如扮演医生和病人,或者扮演爸爸和妈妈这一类游戏。孩子在玩这类性游戏的时候一般都是在校外,并且会尽可能避开成年人,因为一些大人会告诉孩子自己不喜欢他们玩这类游戏。因此,孩子会尽量确保不让家长看到自己参与这类游戏。

> 请不要批评孩子们的游戏行为,而是针对游戏场所、时间点和游戏方式进行教育。

可不幸的是,仍有许多成年人在看到孩子参与这类游戏时立即教导孩子,说这样的游戏是肮脏、错误、不卫生,甚至是罪恶的,而这会导致儿童产生内疚心理。最好的方法是,让孩子们认识到大人批评的不是这种行为本身,而是发生这种行为的地点、时间或者方式。如果作为父母或是家长不想让孩子在某时某地玩这种游戏,那么比较好的方式是先跟孩子说明,这个游戏很有趣,但你更希望他们在这个时间做其他事情。此外,重要的是要让孩子学会在做这类游戏时必须遵守的规则。在这种情况下,孩子需要知道的规则有:

・永远不要在身体上有洞的地方放入其他物品(因为那样会伤害你或者其他人的身体)。

・永远不要伤害你自己或其他孩子。

・永远不要强迫另一个孩子去做某件他或她不想做的事。

・当你或其他人说"不"或"停止"时,这就意味着该行为需要停止。

这个年龄段的儿童对身体接触的需求依然很大。即使有些小男孩已经不愿意再被成年人抱在怀里,但他们仍有对身体接触的需求。这体现在打闹、推搡、与其他人坐在一起、拉扯或者轻拍他人等行为中。

至于性别特征的发育,5岁左右的儿童已经知道自己是男孩或者女孩了。在此之前,他会时不时地实验(扮演)其他性别角色,借此来最终认同自己的性别。此后,这种现象会变得越来越少。如果一个儿童在5岁以后还经常怀疑自己的性别，那么家长可以带他去咨询一下社会性别方面的心理学家、咨询师或专门的服务机构。有些孩子不大清楚自己的性别身份，可能具有一种流动的性别认同：即感觉自己既是女孩也是男孩，或者感觉自己有时像男孩，有时则更像女孩。具有流动的性别特征的孩子，本身并没有问题，更多的是其周围的环境（父母、家人或其他人）认为流动的性别身份是个问题。

儿童可能会想听一些有关生育的故事，并且不断提出与之相关的问题。对于这个年龄段的儿童来说，怀孕和分娩一般和性感觉、性行为没有绝对关系。但作为成年人，我们却知道前者与后者的关系，因此，当孩子问起怀孕和分娩的问题时，我们常常不知从何答起。如果你拒绝或者忽视孩子的这类问题，他们会误以为要对这些话题保持沉默。所以，解答这些问题是一件好事。虽然孩子们对这些还不能完全理解，但我们知道，无论对孩子的性教育工作做得多好，他们也不可能全部理解。很多小朋友以为卵子和精子是被母亲吞进去的，或者卵子就和自己早餐吃的鸡蛋一样。7岁以前，孩子们的思想还是以自我为中心的，也就是说，只能把世界想象成他们知道的或是体验过的东西。因此，卵子才会被当做鸡蛋。如果家长告诉孩子，人在出生之前是不存在的，那孩子肯定无法理解这个概念。

有些研究表明，孩子在这个年龄段开始变得拘谨，但并非每个孩子都会这样。有些孩子在有陌生人在场时，例如在游泳池旁或是在沙滩上，不再愿意脱光衣服，但另一些孩子就觉得这没有什么大不了的。没有证据表明这种差别与家庭中对裸体是否开放有直接的关系。儿童发展出羞耻感的时间有早有晚，不因家庭对裸体的开放程度而受影响。而更重要的是从这个年龄段开始，孩子们对自己身体的认识越来越深入。

从身体上看，这个年龄段的孩子已经开始发育，包括生殖器官在内。男孩的阴茎和睾丸不再像婴儿时期那么小。女孩阴道的横截面会长几毫米。孩子在这个年龄段开始发展友谊。4岁前，不管是从智力或是交际情感方面，他们都还无法做到这一点，他们的思考方式还是完全以自我为中心，并不理解为什么要顾及别人的想法。4岁以后，儿童能更好地考虑别人的情绪，能够想象自己的行为会给他人带来什么样的后果。从此，儿童开始发展与他人之间真正的友谊，而这时的儿童可以对友谊有不同的感觉。但他们还体会不到强烈的友谊或是亲切感。他们显然还在试验这些不同的感觉。所以，一个5岁的孩子可能会说自己想和妈妈结婚、自己爱上了学校的女教师，或者对他最好的同性朋友提出结婚的想法。听到这种话时，成年人要避免贬低这些情感，也不要用"你现在还太小"这类话敷衍，而是应该表现出你对自己孩子情感的重视。

第二章　从婴儿到青少年的性发展

6~8岁的儿童

这个时期被称为"性的潜伏期"。这个年龄段的儿童从行为表现上来看,对性没有小时候那么感兴趣。他们不再频繁地对性进行提问,而且也越来越少地公开表达自己对他人身体的兴趣。但是性发育还在正常进行中,而且这个年龄段的孩子已经知道相关的行为准则,即家长或老师是否允许其在家或在学校做与性有关的行为。与他人游戏的时候,这个年龄段的孩子已经明显表现出与同性或异性玩耍的差异。虽然恋爱没有与性感受捆绑在一起,但也可以触发强烈的情感。这个年龄段的孩子能够很好地区分友情、爱情甚至性带来的兴奋情绪。对他们来说,恋爱和生理行为没有太大的联系。

8岁左右,孩子的拥抱、爱抚和恋爱之间的差异会变得明显。根据针对八九岁儿童所做的调查显示,这个年龄段的儿童可以明确地描述和区别两者的感觉,即嬉戏和拥抱,以及恋爱。

处于这个年龄段的孩子正常情况下不会公开触碰和摩擦自己的生殖器官,但这并不意味着6岁以后的儿童不再触摸自己的生殖器官。他们只是尽量避免在公共场所做出这种行为。因为他们已经能够清楚地意识到社会的行为规范和准则。

当然，性在他们的行为中比较不明显，但在这个年纪他们能够记住很多事情。这是因为他们又长大了一些，掌握了更多技能，可以从周围的世界里观察和体验到更多。而所有这些经验，甚至对于性，他们都能够用自身的方法来诠释。此时家长要留意孩子从电视或者互联网获得的信息。孩子们看到的要比家长们认为的多得多，而且他们会用自己的方式解读信息。这个年龄段的儿童并不总是能够区分幻想和现实。这也就意味着，我们不能顺其自然地以为这个年龄段的他们能够理解所有关于性的信息，这一点很重要。所以，如果你不确定孩子的想法，可以向他们提问，让他们用自己的语言告诉你。父母可以补充告诉孩子他们希望知道的信息，也可以纠正孩子误解的信息。

这个年龄段的孩子和同性的来往越来越多，而且知道这一群体内部有各种各样的规则。如果有人想加入这个群体，他必须遵守这些规则。男生会觉得女生愚蠢又幼稚，而女生则觉得男生野蛮又骄傲。更重要的是，在同龄人的群体中，你得让别人知道你比其他人更厉害，这同样也适用于性的方面。因此，在儿童的绘画中常常会出现生殖器官。在这个年龄段，许多笑话和押韵的儿歌被扭曲，用于交流。作为家长，你需要明白这些行为是他们发育成长过程中的一部分，可在这一点上你也不需要完全接受那些行为。如果你不能接受某些行为，你会如何说呢？如果你不想让你的孩子画那些画或者说脏话，可以纠正他们的行为，而不是谴责孩子，但是你要说清楚你不喜欢这种特定的行为，并且不想再看到它出现。

8~10岁的儿童

在8~10岁之间，恋爱的感觉开始扮演越来越重要的角色。孩子的情绪会变得更加强烈，而且随着孩子的长大，身体接触会更多地与恋爱联系起来。这也就是说，若一个孩子陷入爱情，那他/她会更加渴望另一半能待在自己的身边。起初是小心翼翼的碰触，例如靠着对方坐、牵手、拥抱，给彼此刺激的感觉等。

孩子们已经探索了性倾向。这是漫长发育进程的开始。最初的探索是由与同性以及异性玩性游戏开始的。现在这个年龄段的性游戏已经不是以"扮成医生"的名义，而是主要通过观察和抚摸彼此的生殖器官（进行的）。

群体里的规范规则强烈着重于异性恋。如果孩子们与同性的孩子进行性游戏，他们会把这种行为称为同性恋——但这也不是肯定的。这个年龄段的同性恋不是总会被群体规范所允许。因此，有必要在孩子幼年时就告诉他，同性之间的情感普遍存在。尽管对于有些成年人，同性恋还是一个比较敏感的话题，但无论是儿童还是（其他）成年人，都不能以此开玩笑。如果你允许这种玩笑，那么作为父母的你，给孩子的信息就是：你允许他嘲笑和欺负性少数者。

性别差异带来的行为差异明显存在。男生彼此玩耍的方式和女生之间不同，而且他们与异性聊的内容也与同性聊的不一样。

自慰这种行为会在这个年纪增加——男生要比女生更符合这一点——而且这也有可能以群体的形式发生。

在这个年龄段，孩子的思维能力已经发育到了能够有逻辑地进行推理的地步。尽管生育的故事能够完美重现，但他们还是很难理解受精究竟是怎么完成的。

8岁以后，孩子们的身体首次出现青春期的迹象。女孩的乳头先开始发育，随后可以看到乳房发育带来的变化，阴唇开始长出阴毛。男生们的睾丸上首次出现阴毛，但通常这只是一些稍长且柔软的毛发。

10~12岁的儿童

青春期的第一步已经踏出。因为身体上青春期的萌动与性激素的产生息息相关，所以这个年龄段的孩子时常会出现情绪波动。这是父母们无法避免的。这个时期的恋爱会带来十分强烈的情感。在荷兰，几乎所有这个年纪的孩子至少有过一次恋爱经历，而且几乎一半都有过了舌吻的经验。

性倾向继续发展，对某些孩子来说，他们已经对某种性别的人有着强烈的倾向。但对于其他人来说，他们可能需要通过长时间的探索才能确定自己的性倾向。所以，如果这个年龄段的孩子发觉自己在性方面会受到同性孩子的吸引，这将给他们带来相当大的困扰。如果他们的成长环境和社会强烈反对和嘲笑与同性恋相关的一切，那这一点则会更明显。（这使得）他们会觉得自己非常孤单或者沮丧，他们会否认自己的性感受，或者有意识地寻找逃避场所直到做出不可控的行为——使用毒品或者酒精。

由于性激素的产生，特别是睾酮的产生，这个年龄段儿童的自慰次数会增多，尤其是男生。对于成人性行为的追求也会增加，因为这会让他们体验到强烈的兴奋感。

> 在线的交际行为通常不会影响其他社交活动。

他们可能会在这一阶段单独或是一起在互联网上寻找色情网站。如今,互联网作为信息的来源已经成为社会中不可或缺的一部分。除了寻找信息或是打游戏外,互联网被很多人用来寻找或是获得同龄人的联系方式。孩子们可以通过电子邮件、资料网站或社交软件达到目的。对于年轻人来说,通过互联网联系是与朋友们交流的重要方式,这一点越来越普及。对大多数孩子来说,现实生活中的交流仍然非常重要,但是互联网对于交流另有辅助作用。美国和荷兰的研究表明,大多数的情况下,在线的交际行为不会影响其他社交活动。

可不幸的是,除了积极正面的信息,互联网上也会出现消极的内容。在检索演讲、论文或自己感兴趣的内容时,孩子们可能会遇到一些不可靠的网站。大多数情况下,色情网站需要付费,用会员制"保护"自己,但最初的几分钟通常是免费的,且内容直白露骨。色情网站可以在人意想不到的情况下突然出现:当孩子们只是通过互联网搜索"猫"这个词时,他们可能会遇到许多给成人使用的所谓的"猫网站"[1]。此外,孩子们也可以在互联网上有针对性地搜索色情网站,例如以前在科索克

---

[1] 荷兰语中,"猫"一词也可指"女性阴部"。——作者注

(kisok，火车站站台上卖咖啡、零食、杂志的小铺）的货架上出现过的"裸体小广告"。通过互联网，8岁的孩子看到的关于性的照片以及影片已经远远超过了他们应该可及的范围。如果孩子们因此要面对这些性信息，那他们会彻头彻尾地感受到震撼，这对他们的性发育会有很大冲击。随着孩子们年纪增大，他们能从父母那里得到的关于性的信息也就越多，也就明白什么是正面的，什么是负面的。同时，他们也知道了关于"充满爱的性"的重要性以及关于表达和尊重性的底线，他们可以区分真实生活中的性与色情信息中不真实的信息，从而能够理性、冷静地看待各种暴力色情的内容。

这个年龄段的儿童谈论性时会明显感到害羞。他们可能不想与性有任何关系，并且觉得自己看到和听到的都非常奇怪。父母决定辅导孩子时，往往会在此碰壁——（因为）孩子拒绝接受。这种过分正经的行为可能是因为他们快要进入青春期了。孩子首先会发现身体的变化，这种变化意味着他们即将步入成年。然而，许多孩子对于这一点还完全没兴趣。

在大约10岁的时候，女生会开始进入青春期，一般会比男生早两年。女生的发育通常从乳房开始，最初是乳头的发育生长，然后是腋下以及阴部毛发的生长。生殖器官也会发生变化：阴唇会变大，血液循环的加强会带来颜色上的变化。此外，女生还会长高。女生在这一年龄段的发育以月经初潮结束,这一般发生在13岁左右。此后,她们还会继续发育,但不会比之前明显。

伴随着睾丸和阴茎的生长,男生的青春期通常开始于12岁的时候。有时也会长出一点胸毛,跟着会首次长出腋毛和阴毛。这意味着他们的发育即将开始,他们的声线开始发生变化。脸上会首次长出胡须。他们在这一年龄段的发育伴随着首次遗精,一般是在14岁左右。首次遗精之后,男生的发育也同样会变缓,之后以缓慢的速度继续成长。

多年来,荷兰的儿科医生对儿童和青少年的发育进行了记录,这才使得我们对这种发育有了清晰的概念。几十年来,我们知道青春期越来越提前了。初潮(第一次月经)在过去十年中以3个月/十年的速度提前。但是这种提前停止于八十年代中期并从此稳定下来。在荷兰,女孩初潮的平均年龄在13岁,而在美国,这种青春期的提前还在继续,尤其是非洲裔的女生,她们初潮的平均年龄为12.6岁。

有些12岁的孩子不但在身体上甚至在思想上也早已进入青春期一段时间了。相反,其他一些孩子不管是在身体上还是行为上都还只是个孩子。在这两种情况下,他们都有可能深陷于爱情,不同的是他们在实际情况中对于这种爱情的处理方法。

我们从研究中获知,年轻人跟某人初次上床之前,他们会经历某些"性行为"的阶段。我们称其为"性历程"。这通常由接吻和舌吻开始，其次是在衣服外面摩挲，然后在衣服里面，再然后是对裸体的抚摸，最后才是性交（在荷兰是在16~17岁的年纪）。有证据表明，年轻人准备性交之前，会用三到四年来奠定整个过程，即在每个阶段试验都有与其相符的行为。

如果一个12岁的孩子还没有经历过深吻，那么他肯定还没完全准备好对裸体的抚摸以及性交，即没有进入到下一个阶段。

与这一年龄段的孩子们讨论他们觉得什么是正常或不正常，是一种明智的做法。男女生朋友是否已经开始谈恋爱了？如果他们已经开始恋爱，他们之间将会做什么？不会做什么？作为教育工作者，你要清楚：这与自己和同龄人在生活中的行为规范和价值观有关。因为，只有这样你才能够与他们讨论，补充他们缺少的信息，并纠正不正确信息。

年龄并不是标准

为了方便起见，在这里我们把儿童的性发育跟年龄段联系在一起，即儿童的性发育由几个阶段构成。但年龄的数值并不是固定的，年龄段的范围很宽泛。孩子频繁做出某种行为时，父母和教育工作者们似乎更倾向于了解这个行为是否符合孩子当前的年龄段。

针对某个年龄段所提出的特征行为标志并不等于这是"正常行为"的唯一标准。这只是说这些行为或情绪会出现在某个年龄段的大多数孩子身上。

显然，我们必须明确的一点是，年龄段之间存在着重叠。虽然这个年龄段已经过去，但是这种行为不会随之突然结束；这种行为也有可能过早或是过晚地在某个年龄段出现，而且每一个孩子都会以自己独特的方式成长。

3
CHAPTER

第三章

性启蒙
还是性教育？

第三章 性启蒙还是性教育？

什么是性教育？

孩子的性教育并不容易，但这是教育中极为重要的一部分。这意味着我们不仅要提供与性有关的信息，还要在孩子的性成长上给予帮助。

你教给孩子有关性和情感关系的重要原则，主要是让他们明白对于人类而言，"性"意味着什么。你向孩子解释对于性的感受不需要感到罪恶和羞耻，但只有所有性活动的参与者都愿意，性爱才是愉悦的事。你告诉孩子在这个社会中，性的体验与某些规则有关，比如对他人的性生活的尊重。你告诉孩子可以通过使用避孕手段来避免性带来非意愿、非计划性的不良后果，这也是向自己的性伴侣展现自己的尊重和责任感的方式。通过解释这些，你将教给孩子一些在他或她的性发展中的重要原则。

对孩子而言，我们的社会中充斥着大量他们可以找到的、与性有关的信息。但是对于儿童和青少年来说，想要获得健康的性发展，从父母那里获得信息也很重要。因为父母会同时将自己的家庭价值观念传递给子女。

所以，性教育意味着给予孩子关于生殖、身体变化、青春期、性倾向、性认同和性行为的信息。同时，还要教给儿童和青少年一些确保他们的性体验安全而健康的必要技能，比如他们可以谈论性，对于自己的需求果敢、自信，并考虑他人的感受、尊重他人不同的需求和喜好、能够寻求帮助和支持。最后，性教育还包括激励儿童和青少年，并为他们自己性价值观的形成提供支持。

所以，性教育与性信息有所不同。后者向孩子提供关于生殖的信息和"错误与失败"的警告。因此，我们以前与儿童及青少年谈论的大多是后者，但是现在的性教育涵盖了更多内容。

> **互相拥抱的父母向孩子展示出相爱的人是如何与彼此相处的。**

性教育不只是说说而已。实际上，这意味着向下一代传递作为教育者的你认为重要的信息，而且这不是动动嘴就能够做到的事情。如果你教给3岁的孩子他身体各部分的名称，却故意略过其生殖器官，那将会给孩子留下"这个部位没有名字，也不存在"的印象。如果一个4岁的孩子坐着的时候把他/她的小手放在两腿之间，并且从爸爸或妈妈那里听说"这样很脏"，那他或她在这样几次之后就会知道那里是禁忌的区域。即便你没有直接与孩子谈论这个话题，你也同样在进行性教育。作为父母，你的行为举止传递着各种各样与情感关系、性有关的信息。经常在孩子面前触摸对方、拥抱或彼此爱抚的父母，向孩子展示了相爱的人们是如何与对方相处以及互相爱恋的。

作为家长或教育者，在很长一段时间里，你都是孩子最重要的榜样。你做的一切都传递着你如何看待这个世界的信息。对于性也是如此。

十个关于性教育的建议

1.你自己就是榜样

父母彼此之间与他人相处的方式、他们的言行举止、争吵和解决问题的方式,对于孩子来说都是人们应该做出的行为示例。

2.你不需要什么都懂

碰到回答不出的问题是很正常的。告诉你的孩子,你会去寻找答案,回头再告诉他/她。

3.利用诸如报纸上的消息或电视节目等作为与孩子谈话的导入点

"我在这里读到……你怎么看?"

4.创造一个你们不必直视对方的环境

对于孩子们来说,在不必直视你的情况下,对敏感话题的谈论会更容易。你可以在例如洗碗、洗车或者开车的时候,与孩子展开谈话。

5.使用书籍、宣传册和图片

书籍和图片可以铺垫你的故事。

6.鼓励你的孩子形成自己的看法

当孩子询问你的看法,可以如实相告,但也要向孩子解释清楚其他人对此可能有不同的观点。

7.尊重孩子对于一定的独立性和私密性的需要

例如,如果你的孩子觉得你进入他的房间前得先敲门,那就按他说的做。

8.利用幽默感

在谈到情感关系和性时,最好幽默一些。这会减少紧张感。

9.尽量对孩子在电视或者网络上所看到的内容保持警惕,你可以对此提问,并且偶尔与孩子一起观看。围绕你的孩子所看到的东西提出问题,但不要一看到什么敏感内容就马上谴责孩子。

10. 展现你对孩子的关心

告诉孩子或者经常展现出你对孩子的爱。

交谈是最好的方法

你可以用很多方式与孩子交流，但涉及性这个话题时，最好的交流方式就是交谈。对孩子来说，涉及到性这个话题的时候，交谈是最清楚明白的一种方式，你可以解释自己的意思并且使用各种各样的词汇。通过与孩子交谈，你会与他/她有最真实的接触。在一次谈话中，你不仅传递了信息，还能获得很多信息。你的孩子会告诉你，他们对于这个话题的想法，以及他们对这个话题了解多少、有哪些不懂的地方——虽然有时说得不多。因此，谈话是让你更加了解自己孩子的一种方式。

尽管这样的谈话会很困难，或者持续时间很短，但总好过没有。对性的谈论，不仅对于孩子，对于家长乃至所有人来说，这都是一件必须学习的事。也就是说，当关于这个主题的谈话无法顺利进行时，你就要在下一次继续。练习的意思是"经常做"，这对于关于性的谈话也同样适用。

如果孩子不愿意交谈，不要气馁，被这个话题吓住或者孩子含混敷衍都是我们预料中的事。继续尝试交谈，并重新开始一次。我们知道，不管谈话时间多短，大多

第三章 性启蒙还是性教育？

数情况下都会对孩子产生影响。有时你会突然在孩子的行为或话语中发现你之前与他谈话的影子。性这个话题其实很有趣,即使他们当时不愿意听关于这个话题的事情,但你对于这个话题的答案也会留在他们心里。

与孩子谈论性以及教授孩子性知识会更早地让孩子开始性行为,纯属无稽之谈。从研究中我们得知,即使在孩子很小的时候进行性教育,也能让孩子认识到可能存在的风险并采取恰当的措施,如性虐待、意外怀孕和性病等。

孩子们会根据自己的意愿,自己决定何时开始性行为。一旦孩子开始第一次性经历,性教育将确保他们准备得更充分,并会对自己的选择更负责任。

作为父母,如果你与孩子谈论到情感关系和性,那你可以表达以下几点:

——你知道孩子在任何情况下都能获得有关这个话题有益且正确的信息。

——作为父母,除了传达有关生殖、身体发育的正确技术性信息外,你还可以一并传授给孩子在情感关系和性方面那些你认为重要的价值观与规范。

——你清楚地展现出对孩子的关心。

——能让孩子意识到你对这个话题足够重视。

——你教会孩子在一段关系中,彼此沟通是一件重要的事。

——让孩子认识到，对你而言，性这个主题不是一种禁忌。这也意味着你的孩子明白其他的时候他们也可以向你询问这个话题。

——现在就教给孩子如何谈论性这个话题，可以在孩子成年后帮助他们更容易开口寻求性问题方面的帮助。

——把孩子视为平等的谈话伙伴，这会增强孩子的自尊心。

——你能随时了解孩子的情况。你会更清楚孩子在做什么、他们的想法和问题。

——与孩子的谈话作为温暖的家庭环境的一部分，可以预防孩子在青春期出现不良性行为的情况。

如果你对性闭口不谈，那么孩子将会用其他途径获取与之有关的信息——例如通过其他的成年人、同龄人或网络、电视、青年杂志等。

如果父母对待性的态度开明积极，那么这种环境中长大的孩子，在成年之后的人生中遇到性问题的几率更低。比起那些从小生活在禁止谈论性、将性视作坏事的家庭中的人，这部分人对自己的性关系更满意。在温暖的家庭环境中长大的孩子在伴侣面前会更自信，更晚开始性行为，在性方面会更注意安全，被人强迫或被人威胁进行性行为的概率更低。在温暖的家庭环境里，孩子会体会到爱、支持和感情上的亲密陪伴，并且除了谈论其他话题以外，还可以彼此谈论与性有关的话题。

身体接触

除了和孩子谈论性和与之相伴产生的愉悦感觉，你还可以让孩子感受到这些愉悦的感觉。

从孩子出生开始，你就可以让孩子感受到，人们喜爱他们的身体，他们的身体是重要的存在。对于新生婴儿来说，皮肤接触如同吃饭喝水一样重要且令人满足。被人抚摸、按摩和拥抱对他们来说不仅非常舒适，还能带给他们重要的信息。

如果一个成年人认为婴儿的清洁问题极其重要，且婴儿被清理掉排泄物、重新干干净净地躺在摇篮里时会很高兴，那么他/她传达给孩子的信息是孩子的身体、尤其是臀部周围的身体区域是臭不可闻且肮脏不能碰的，尤其不能喜欢那里。而在孩子如厕后还能够好好按摩孩子的臀部或给孩子臀部涂润肤油的成年人，则传达出完全不同的信息。经常被拥抱和亲吻的孩子，会比较少得到拥抱的孩子对自己的身体有更为积极的看法。

如果你还是孩子的时候就觉得其他人认为你的身体美丽、柔软且令人喜爱，那么你以后也会这样认为。拥有正面的身体评价和正面的自我评价，对于日后良好的性生活来说非常重要。

学校性教育

不久前,学校才开始在孩子(即将)成为青少年的时候进行性教育。中学越来越多地分担了家长的任务,很多家长也因此很感谢学校。但是,事实上,在小学阶段,性教育也属于小学教育的一部分。然而,许多教师和家长对此仍然保持谨慎态度。只要孩子不到13岁,人们就会觉得性教育是家庭教育的专属。

幸运的是,我们看到了这个观点的转变。学校不能忽视对性的讨论。孩子带着疑问来学校时,孩子们说出错误事实时,或者对性作出消极评价时,老师不能坐视不管。

学校承担了教育任务的一部分,其中也包括性教育。对于教师来说,有时难以开口谈论这个话题是可以理解的。但是,教师们可以借助有经验的培训师和性教育家的帮助。幸运的是,市场上正慢慢地出现越来越多的优秀教学材料,这对于参与基础教育的教师来说是在课堂中开展有关性讨论的有力支持。具体请参见本书结尾处的书单。

就算小学决定提供关于性与情感关系的课程,也不

第三章　性启蒙还是性教育？

意味着家长就什么都不用做。父母依然是最重要的教育者，在性教育方面也是。同时，如果学校能对此略施援手最好不过，毕竟，在性教育方面，家长与学校的合作是最有效、也是最好的方法。

个人背景的影响

不是每个人都能与孩子轻松地谈论性，因为不是每个人都习惯这样做。你不会随便地开始谈论性这个话题，也不会和自己的朋友们或者邻居们探讨这个话题。

不是每个人都由能自由谈论性的父母抚养长大。有些人甚至从未在父母那里获得过一星半点的性教育；有可能父母对他们的性教育是由一本知识手册代劳，所以他们觉得再谈论这个话题没有必要；或许孩子和父母之间也曾有过性教育的对话，但却是在某种压抑的气氛中偷偷摸摸地进行的；这也可能是他／她自己的第一次性经验不怎么愉快，导致与孩子谈论性这件事变得更难。

性在你的童年中扮演的角色，会影响你成年后对待性的观点、看法和态度。比如，选择措辞的时候就能察觉到这一点。或是在你判断与性有关的事情寻常与否的标准上会留下影响：比如你是否介意在孩子面前赤身裸体走来走去，是否会让孩子抚摸你的身体，是否会允许扮演医生检查身体的游戏，是否允许使用脏话（儿童使用脏话的那种情况，与成人的不同）等。它也会影响到你对待性的方式。

第三章　性启蒙还是性教育？

当然，童年之后你也会经历各种各样的事情，结识新的人，接触到关于性的不同看法。你会形成自己的意见和想法。你现在对性持有的观点，是性教育和离开家后日积月累的经验所带来的结果。你自己对于情感关系和性的看法在性教育中会扮演非常重要的角色。如果你觉得性是肮脏而罪恶的，那么这样的观点就会通过你提供给孩子的性信息来影响孩子。如果你觉得男人对于性的需求高于女人，那么这一观点也会在你对孩子的性教育中有形或无形地传达给孩子。如果你至今都几乎不能从性中获得乐趣，那么跟孩子强调性愉悦的一面对你来说将会很费劲。因此，最好能够好好思考一下自己对性和情感关系的看法，以及它们是如何在过去的多年生命历程中逐渐形成的。

然后你就会明白，为什么你不愿与自己的父母一样，或者你为什么会在孩子玩扮演医生的游戏时被激怒，又或者为什么你在谈起自己的同性恋邻居时会如此言语刻薄。你不妨思考一下自己希望传达给孩子和不希望传达给孩子的分别是什么。

这里可能产生的问题是，你给孩子提供了含混不清的信息。想象一下，你教给你的孩子去尊重他人的身体，但是很快你又告诉你7岁的儿子，他可以随便在沙滩上换衣服。又或者你告诉女儿，她随时可以来问你关于性的问题,但随即你又在听到她学校有女孩意外怀孕的消息时做出了消极的反应。"这是她自己犯的愚蠢的错误,"你这样说,"她们自己得多加注意。"这样,你的女儿之后在来问你关于避孕的问题前一定会犹豫。

措辞

"妈妈,玛依可那儿肯定长了一个小鸡鸡,对吧?"在浴室里,3岁的马克指着跟他一样光着身体的妹妹问道。

"不,玛依可没有小鸡鸡。"你回答他。

"哦,那她那儿长了什么呀?"马克吃惊地看着自己妹妹的生殖器官问道。

对于这个问题有很多种可能的答案:"她那儿有一条缝,一个洞,一个盒子,一朵玫瑰,一粒樱桃,一个阴道……"

选择你觉得舒服的词来说。如果你从来没用过"阴道"这个词(除了在医生面前)而且你觉得这个词很怪,那就不要选择这个词。如果你迄今为止都没有用一个词来指代过女性生殖器官,那就寻找一个你最喜欢也最合适的的词来代替。

事实上,如果你能同时说明白它看起来是什么样子,无论你把它叫做什么都没关系。如果你说那是一条缝,孩子可能会认为只有一条狭缝。如果你说那是一个洞,孩子会认为只有一个小洞。如果你说那是一朵玫瑰,你将不得不解释你觉得这是一个好词,因为它看起来有点像玫瑰,但实际上那里有两个小口，一个小凸点和两个边缘。

如果你愿意，你也可以给孩子展示书里女性性器官的插图。

同样的方法也适用于向孩子解释男性生殖器官和性行为。如果你谈到"缠绵"这个词并意指性交，那你得让孩子明白这个词有时也表示拥抱。如果你使用了最常见的表达"跟对方上床"，你也必须跟孩子说明这个表达的含义。要注意有不少孩子认为"跟对方上床"的意思是躺在一张床上或在同一个房间里睡觉。

除了在跟孩子谈话时使用你自己喜欢的词，你最好也教给孩子那些常用的表达，比如阴道、阴茎、做爱等。或许作为家长，你不希望孩子在日常生活中使用这些词，但是当一个孩子说某个人坐在她的玫瑰花上时，没人能明白她是什么意思。

第三章　性启蒙还是性教育？

开始性教育的最佳年龄

通常人们认为孩子7岁左右可以开始谈论性。许多父母认为他们的孩子此时才具备了谈论该话题的能力，但也有家长觉得在孩子马上要进入青春期之前才需要开始谈论这个话题，还有一些成年人认为根本不需要和孩子谈论性。

事实上，你可以在孩子处于任何年龄段时跟他们谈论性。正如前面所提到的，孩子都是好奇的。他们提出各种各样的问题，是因为他们想了解世界是如何运作的。他们会问汽车是怎么开的，为什么冬天会下雪，或者他们能不能看一看自己爸爸的生殖器。性对于孩子来说就是生活中一个普通的组成部分，因此在他们看来，提出关于性的问题就像提出其他他们感兴趣的问题一样简单。

作为成年人，我们将性视作特殊的话题，有时候更视之为非常羞耻的东西，或者很难开口去谈论的东西。而孩子们会通过观察大人们对于与性有关事情的反应——不管是诸如脸红、说话磕巴这样细微的反应还是特别明显的反应——很快就能发现大人对这个话题的窘迫。并且，如果大人流露出了消极的反应，孩子们马上就能明白他们最好不要触碰这个话题。

> **孩子们在六七岁的时候会对性充满好奇。**

孩子从很小的时候就开始提问题了，一般来说只要他们提问，就会得到答案，这已经形成了一种规则。所以当他们提出关于性的问题时也应当如此。尽量在孩子提出问题时都能给予他们一个答案。你的答案不需要是关于爱情、性欲和生殖的详细故事，只要用你的孩子能够理解的语言进行一个简短的解释，一般来说就已经足矣。

孩子在两三岁时就会自发地提出与性有关的问题。但当他们到了7岁左右的阶段，就会开始减少在公开场合谈论或提出与性有关问题的频率。这时候你会发现想要跟他们谈论性变得更加困难了。甚至有时他们不愿意听到关于这个话题的任何东西。从那时起，作为父母，你好心好意地准备与孩子讨论关于性的艰难话题，但你10岁的孩子可能并不愿意参与。

但另一方面，孩子们到了六七岁的时候可能会对性非常好奇。作为教育者，应该利用这一点。即便对待一个自己从来不会提出关于性问题的孩子也是如此。不要觉得跟5岁的孩子谈这个话题还为时过早。真实情况往往是，如果你在孩子6岁之前都对性这个话题缄口不谈，那就会使得之后关于这个话题的谈话难上加难。

第三章 性启蒙还是性教育?

开始性教育的最佳时机

在我们的日常生活中，无论是成年人还是孩子，都一直面临着与性有关的各个方面。其实，这并不只与性行为有关。我们应当看到性更广泛的含义。它与感情、彼此相处、准则和规范都有着关系。这就意味着你一直在自觉或者不自觉地进行着性教育。事实上，并不存在一个应该与孩子谈论性的特定时机，作为教育者，教育应该持之以恒，性教育就是其中的组成部分。当然你也可以在有需要的时候在某些特定关于性的话题方面提供给孩子更多信息。但往往想要突然开始谈论这些话题是非常困难的。那么，哪些时机是你可以利用的呢？

最好的时机是孩子主动问起这个话题的时候。尽量不要用"你现在问这个问题还太早了"，或者"你太小了，不该关心这方面的事"这样的话来敷衍孩子，除非孩子问问题时实在是不合时宜，这时，你当然可以告诉孩子晚些时候你们再谈这件事会比较好。除此之外，任何时候都可以回答孩子的问题。

永远不要跟孩子说："你现在问这个还太早了"。因为无论孩子年龄多小，都有提出问题并获得答案的权利。

也不要说："等以后我再告诉你"。孩子在听到这样的回答后会觉得奇怪，为什么不能立即回答这个问题呢？是这个问题太奇怪或者太难了吗？为什么这个问题会让爸爸或妈妈觉得尴尬呢？

当然，孩子们肯定不会每次都在你最方便回答的时候提出问题。比如你在超市排队结账的时候，你的儿子会指着一包卫生巾问，这是用来做什么的。如果这时你不想回答，那就告诉他等会在车里或者回家之后再告诉他那是什么。

遵守诺言也非常重要。不要以为孩子到家后会把这件事忘掉，你的承诺就不用兑现了。如果孩子意识到作为教育者的你总是用"现在先不说，等会儿再告诉你"这样的话来敷衍他/她的问题，而且之后你却再也没有回头谈论这件事，那么他/她提的问题就会越来越少，因为就算问了你也不会回答。这样一来，孩子就会通过其他途径寻求信息：朋友、电视或者通过其他作为父母的你不知道的途径。

如果你像前面提到的那样，将"性"按照广泛的定义来理解，那么，其实生活中有很多你可以开展这个话题的时机。但这并不表示你一整天都只是谈论性。爱情、同性恋、友情、对彼此身体的尊重、怀孕、生育这些内容一样都与性有关。性是我们生活的一部分，就如同下面四个例子中所展现出的一样。

第三章 性启蒙还是性教育？

在床上

早晨，你5岁的女儿跑到你们夫妻俩的床上。

"为什么你们那儿都有毛呀？"

"所有的大人都有，你长大后也会有。那个时候，你也会有胸部"。

"什么时候？"

"当你到12岁的时候，也可能更早。"

在浴室里[1]

"爸爸，我能看看你的阴茎吗？"

"可以。既然我现在已经光着身子，那我就可以舒服地冲个澡了。"

或者："不，现在不行。但要是我们一起洗一次澡，你自然就看到了。"

看电视时

6岁的女儿唱着一首她从电视播的卫生巾广告里学来的歌。

"你知道这是干什么用的吗？"

"不知道，是吃的吗？"

"不是的，我给你解释解释……"

---

1 编者以为此处应加以区分。女孩开始有性意识之后父亲就应该避免和女儿一起进行洗澡之类裸露身体的活动。

在街上

沿街的墙体广告牌上写着几个大大的字。你6岁的儿子刚刚学会认字。

"性——病,真是个怪词。这是什么意思啊,妈妈?"

"我来给你解释解释……"

在日常生活中每个人都能找到诸如此类的"适当的时机"。这些日常会出现的情况的好处是,你可以让孩子明白"性"就跟吃饭、喝水和玩耍一样,普通而正常。有些时候也有必要就这个问题单独跟孩子谈一谈,比如当你想告诉孩子一些这方面的更详细内容的时候。

把性和日常话题联系起来是很重要的。

假设你的孩子问你什么是卫生棉条。那么可能会有如下的对话发生:

"卫生棉条?你自己觉得那是什么呢?"

"给女人用的,好让她们不生小孩的东西。"

"你知道这是给女人用的,真棒哦。不过,我还要给你解释一下它是什么。它确实是只给女性用的,但不是用来让她们不生小孩的。有些女人和年纪大一点的女孩子会在来月经的时候用它。你知道什么是月经吗?女人或者女孩子来月经的时候会有血从阴道(或者用一个其他的词）里流出来。所以她们会在内裤里贴一片卫生巾，那是一种类似小的、薄尿布的东西。卫生棉条是一种卷起来的小卫生巾，用的时候需要把它放到阴道里。"

"那不疼吗？"

"不疼，用的时候没有感觉。有些女性觉得卫生棉条很方便，也更喜欢用它，而另一些女性更喜欢用卫生巾。你可以自己选。"

即使一个孩子很少或者从不主动提出问题，你也可以抓住这些日常生活中的瞬间展开一次关于性的对话。在上面所说的卫生棉条的例子中，你也可以自己就孩子的一个问题展开对话。对于孩子本身来说，主动提出这类问题其实也并不容易，所以将性和日常话题联系起来非常重要，这可以让孩子意识到他们完全可以像提出关于汽水颜色问题那样轻松地提出关于性的问题。

性教育时可用到的书籍

在孩子提出问题的时候,如果手边有书可以查阅会很方便。或者你也有可能会发现某个方面的话题并没有出现在你们的对话里,因为孩子没有对此提出问题,亦或是这方面还未现端倪。但你还是觉得必须得对此有所了解。像这样的情况下,可能就需要一本书来帮助你。

市面上有很多不同种类的图书可供你选择:

——针对教育者并帮助其了解更多有关性的知识,或者在如何让某些话题变得易于与孩子交流的方式上,给予教育者灵感的书籍。

——针对儿童的,相当详细且清楚地解答与性有关问题的书籍。

——关于日常生活的书籍,但是书中包含与性有关的方面,比如恋爱或月经。

详情可参考书后所附的书单。

可以与孩子一起阅读或为孩子诵读一些直白浅显的儿童启蒙书籍。购买这些书很重要,因为孩子们可以自己阅读这些书。许多孩子都觉得这类书非常有趣,并且孩子在长大一些后他们会更喜欢独自阅读。如果你的孩子表现出对这类书籍不怎么感兴趣的样子,也不要强迫他/她去阅读。把这本书放在家里或者孩子房间里就好,这样孩子可以自己决定什么时候阅读。因为,孩子非常有可能在你差不多忘了这本书的什么时候去翻阅它。

4

CHAPTER

第四章

与儿童讨论的主题

第四章 与儿童讨论的主题

性与成年人

你想要与你的孩子针对异性关系和性行为进行更好的交流，但你的疑问可能更倾向于：究竟什么是你能够和不能够告诉孩子的？

答案很简单：能够告诉孩子的比你想象的要多得多。特别是当你考虑到许多关于性的主题对于孩子们来说在最初时与其他日常生活中的事务一样普遍。

你能够与孩子们讨论的话题可以分成两个不同的方面。一方面是涉及成人性行为的话题，例如生殖、性交或者避孕方式。另一方面是涉及儿童性体验的话题，例如孩子们的个人感受，扮成医生的游戏、自慰，自己的身体（的触感）等等。

依据世界卫生组织发布的"欧洲性教育纲要"[1]，以下是一些适用于和12岁以下不同年龄阶段儿童讨论的主题。你可以不用解释就能够对这些话题进行讲解。

---

1 欧洲性教育纲要，世界卫生组织欧洲区域办公室和联邦卫生教育中心，2010年。

2~5 岁
- 教孩子认识生殖器官的名字
- 男孩和女孩在身体上的不同之处
- 男孩和女孩之间的相同之处
- 婴儿是如何进入母体的
- 涉及性的社会规范：什么是被允许或是被禁止的？
- 你可能会出现的情绪：你的感受是什么？
- 你的身体属于自己，而且只要你不愿意，别人就不可以接触它

6~8 岁
- 教孩子认识除了用家庭用语来描述生殖器官之外的，被更多人所使用的科学名称。对生育的周期进行更加详细的描述
- 普及关于月经和遗精的知识
- 不同类型的人际关系
- 不同类型的家庭关系
- 友情、爱情和彼此的互动
- 男性有爱上男性的可能，女性有爱上女性的可能，或者两性都爱的可能

9~11 岁
- 在青春期时身体上的变化

- 性感受是正常的表现，而且任何人都会拥有
- 每一个个体都是平等的，无论他们的性别、性认同和性倾向是否不同
- 对生育的周期进行更加详细的描述
- 异性恋、双性恋和同性恋：这不仅是在情感上也可能发生在性爱方面

12~18岁
- 性关系也带来了责任
- 建立自己的行为准则和价值观
- 避孕信息
- 性病和艾滋病的信息
- 性侵害、越界的行为和性骚扰

身体和情绪上的发育

身体

你可以讲述不同的身体部位和与之相应的功能；生殖器官的称呼和这些器官在儿童和成年人身上有着外观上的不同。

可以和8岁半以上的儿童进行以下游戏：你的鼻子在哪里？你的嘴巴在哪里？你的大腿在哪里？你的小鸡鸡在哪里？当能够与孩子们进行对话时，你就可以转换提问方式：这是什么？这又是什么？

生殖

对于年幼的孩子来说，生殖和性没有任何关系。孩子们可能对婴儿和妊娠存在浓厚的兴趣。从孩子3岁开始，你就可以跟他们讲述关于生殖的故事。

重要的是以下几个方面：生殖会涉及一男一女。男性拥有精子而女性拥有卵子。当一个精子和一个卵子融合，那就可以生长出一个婴儿。他会在子宫内成长。子宫则长在女性的腹腔中。通常在九个月以后，婴儿会通过母亲的阴道出生。有时则会通过剖腹产出生。

一般情况下，年纪最小的儿童的关注点会停留在婴儿是如何从（母亲）肚子里出来的。

对待4岁到7岁的儿童，你已经可以与他们讲述一个精子遇到一个卵子的过程（可以通过性交，也可以通过体外受精或是人工受精的方式。但要注意使用孩子们能够理解的语言。）对此，你可以利用如《我喜欢你》《你也喜欢我吗》（即将出版中文版）这样的书籍。

青春期

继"我从哪里来"的故事之后，你可以尽早地给孩子们讲述一些与青春期有关的事情。比如孩子们的身体会在青春期发育成为成年人的身体。可以给孩子讲解腋毛、胡须和乳房的发育生长以及声线的变化。女孩会开始来月经而男孩也会开始经历首次遗精。其次，你还可以告知他们在这个阶段情绪上可能出现的波动。

关于身体的自我认识

性教育不仅要树立孩子对自己身体的自信心，而且要培养孩子对自己以及自身身体的积极态度。因此，从小就向孩子指出其在外观方面的各种优点是极为重要的。而且你要让他们认识到自己的身体是可以让其引以为傲的,以及身体是每一个个体的所有物,任何人都不能违背你自己的意愿去触碰你的身体。

第四章 与儿童讨论的主题

个人技能

掌握技能是整体教育的一部分。因此存在一些在性教育里扮演重要角色的以及之后在一段性关系里起着重要作用的个人技能。例如决策，沟通，坚定自信地表达想要和不想要的，能够进行谈判，寻求帮助和支持以及处理社会规范和价值观。通过在孩子年幼时就教给他们这些技能，从而使他们以后在处理一段性关系上做好充分的准备。

你可以让孩子明白社会规范和价值观是一种观点，它包含了针对是非对错的定义。而且任何一个家庭、一个群体或者文化都有不同的社会规范和价值观，对此，我们要互相尊重。

要让孩子明白有些决策可能会带来严重的后果。因此，有时你需要在更长时间的思考后再决定，或者做决定时你需要征求旁人的意见和帮助。

重要的是，你能够清楚地表达自己的感受，让别人能够理解。

在某些情况下，寻求帮助极为必要。而且向他人寻求帮助是一件很平常的事。因为你也可能会有帮助别人的时候。

人际关系

在孩子还年幼时，你就已经可以给他们解释友情、爱情和喜欢之间的差异了。一个4岁的孩子，在还没有完全明白爱情是何物时，就可能已经开始谈情说爱了。但这其实无关紧要。对于他们，爱情的含义或许是一种友情，或是一种心动的情绪。

不过，当孩子渐渐长大，爱情的含义也会随之变化。对于七八岁的孩子来说，爱情可能已经包含了许多特殊的感情，它也已经超越了友情。爱情游戏、交往以及追求这些行为会在他们上小学的时候表现得越来越明显。这些情感需要孩子们通过一段时间的实践去理解和体会。

当他们10岁、11岁时，你也可以跟他们解释，如何向自己喜欢或是想成为朋友的人获得联系方式。在此期间，可以以此来建立交友和交往的基本原则。这与你作为教育者在各种施教环境里给孩子制定的规则是相同的。例如，在友谊和爱情里的忠诚度、处理嫉妒和彼此尊重等等。你可以告诉孩子友情、爱情、交往、人际关系以及同居生活可以以不同的形式呈现。

关于亲子关系，在孩子还年幼的时候，你就可以跟他们解释有些父母会自己生育并且以此获得孩子,但也有些人是通过领养孩子而成为父母。有些男性或女性需要独自抚养孩子。也存在一些家庭是由两个女性或两个男性来共同抚养一个孩子的情况[1]。

---

1 编者注:2001年4月1日,荷兰同性婚姻法律正式生效。

性行为

自慰

自慰是成年人都会做出的行为,但也会出现在孩子身上。不过,也有些孩子不会做出这样的行为。自慰会使人感到愉快,这并没有什么不妥之处。当然,如果你不做出这样的行为,这也没有什么问题。

两性关系

相爱的人们会希望能够触碰、亲吻以及抚摸彼此。但这只有当双方都同意的情况下才会发生。性关系的发生会在一个你开始对此有需求的年纪出现。这出于爱情或是欲望。两性关系远远不止是单纯的性交。

性反应

你身体的某些部位能够通过触摸或者被触摸而带来愉悦的感觉,但另一些部位则不具备这一功能。

每个人的敏感部位都不尽相同。这需要你自己先去探究发现。当你坠入爱河时,你的另一半对你这些部位的触摸会使你感到舒适。对于年纪稍大一些的孩子,你可以向他们解释性高潮的概念以及它带来的感受。

每个年龄阶段的性

子女、父母、祖父和祖母们,都可能会喜欢有时被爱抚、被拥抱和被关切的触摸。当你长大后,你会喜欢时不时的做爱。即便是对老年人来说,这仍然会带来舒适感。

性与健康

避孕用品

关于避孕,你可以向年幼的孩子解释说,当两个人发生性关系,这并不意味着将会有一个婴儿出生。人们可以自行选择其是否想要孩子以及在什么时候要孩子。这一点可以通过避孕的方法来实现。对年少的孩子,你可以解释说,例如使用避孕药或者安全套就已经足够了。但当孩子的年纪再大一些时,你也可以跟他们讲讲其他避孕用品的功能。

人工流产

一个妇女或者女孩怀孕后却不能或不愿抚养照顾孩子,这种情况也会出现。这样的情况下可以采取的措施有很多,例如将孩子放到收养机构或是人工流产。针对有些父母,在医生检查后发现他们的孩子在出生后并不能存活(或是不能活得长久),也可以采取人工流产这项措施。

人工流产是指医生将受精卵，即胚胎，从女性腹腔内取出。该胚胎还很小，尚不能存活，会因此死亡。

在解释人工流产时，要明确表示它是一个受个人自身意愿所影响的行为。这种行为并不可耻，但你需要清楚地说明每个人都可以对此有不同的看法。

艾滋病和性病

性传播感染，并不是一个可以轻松谈论的话题。对此，孩子往往还不会有直接的接触，而且此类话题所给出的信息并不正面：性生活会导致你生病。尽管如此，但如果你指出生活中有许多其他令人愉快的事情，如进食或者游泳也会使人生病，或者你最好的朋友得了感冒，那么这类谈话也可以轻松进行。

艾滋病是一种经由媒体使孩子们有较早认知的疾病。普及关于艾滋病的定义、传播途径和方式的正确知识，可以让孩子们免受不必要的焦虑，防止他们彼此传播不正确的信息。

性侵害

谈论性侵害的可能性也是一件比较棘手的工作，许多教育工作者对此都比较抗拒。不过，还是有必要提醒孩子关于性的这类负面行为的存在。这就如同你会提醒他们其他愉快事物在生活中也有可能带来危险，比如骑自行车、溜冰和游泳。以此类推，你也可以把性侵害和生活中其他的危险放在同一框架内进行讲述，例如火灾或是溺水。但不论何时或如何开始性侵害的话题，你所要传递的最重要信息是，当孩子的身体感到不舒服的时候，这件事情就是错误的，是不应当的。

告诉孩子，在他/她需要为他人的身体服务，或者在违背自己意愿的情况下遭受身体的侵犯时，他/她在任何情况下都需要把这一遭遇告诉可以信任的人。通过这样的信息你能够明确地指出在双方不情愿的情况下，任何人都没有权利侵犯他人的身体。关于这点的更多信息请看第40页。

社会、文化和信仰

性别角色

从出生开始,男女的性别就已确定,并且他们将来会发育成为男人和女人。男孩和女孩有着外观上的不同,虽然他们有很多共同点,但他们之间也一定有差异。另外,并不存在特定的专属于女性的义务或是专属于男性的义务。然而,在身体方面,男性的确比女性更加强壮,因此重型工作往往是由男性来完成的。重型工作没有比办公室里的工作要更轻松或是繁重。通过激发,在儿童很小的时候就开始关注他们的个人兴趣(而不是把你的偏好和兴趣强加给他们),你就给了他们机会去思考什么是他们真正想要的东西。通过这种方式,儿童可以发展他们所有的潜能和理想,而不受社会对于性别期望的限制。

随着孩子年龄渐渐地增长,也有必要向他们解释人们通常期望的是男孩和女孩都能够遵守某些特定的社会行为规范和价值观。而且和男孩们相比,女孩们在某些时候会被用另外一种方式不公平地对待,甚至会遭受不平等地待遇。可正是因为如此,才应该在其年幼时就对其强调男女之间的平等性。在年幼的时候就给儿童一个机会（如果他们想这样做的话）来突破性别角色的限制，追求他们自己的个性品质、能力和欲望。

多元

人们在思考方式、行为和外貌上都是截然不同的。这并不意味着他们中某些人更重要或是更次要。在孩子年龄渐渐增长以后，你可以和他们谈论歧视这个话题，指出歧视可以因为肤色、性倾向、年龄、残障、性别、文化以及种族所产生。支持你的孩子避免歧视和霸凌，并为你的孩子树立一个非歧视性的行为榜样。

性和宗教信仰

一些宗教和文化在涉及性行为方面有着特定的规则，例如婚前禁止性行为、禁止同性相恋。这些都有可能和孩子们所熟悉的行为规范有冲突，但是每个人都应该学习尊重彼此所遵守的行为规范和价值观。即便你不是每次都认同，或是有些规则你会觉得很难理解。

第四章　与儿童讨论的主题

性和媒体

尽管对于孩子来说，电视、杂志和互联网是获得信息的重要途径，但这并不表示你所看到的、听到的或是读到的都是正确的。媒体经常会发布一些与生活、爱情、两性、家庭以及彼此相处的方式截然不同的画面。并且性在媒体上所呈现的与现实生活中的也不尽相同。对此，孩子还并不知情，毕竟他们拥有的生活经验还很少。

当孩子在电视或互联网上看到刻板的男女性别角色，例如在某些视频里。他们会以为这是真实发生的。他们会以此类画面作为自己的榜样。

如果孩子在他们的环境中几乎不能观察到其他的例子，或者家长很少会解释这些画面，那这个渠道就会成为他们唯一一个涉及性和性别角色的信息来源。

禁止孩子看电视或者上互联网搜索并没有太大意义。但作为父母，你可以在他们年纪尚小的时候采取措施，控制此类画面的数量以及种类。同时，要与孩子交流他们所观察到的东西，他们的观察需求以及其与现实生活中的差异，这些也非常重要。最后，别忘了你的孩子也会以你的行为作为榜样。

5

CHAPTER

第五章

关于儿童的性的界限

第五章　关于儿童的性的界限

上世纪70年代，荷兰普通的男女混合小学里，男女生分开上体育课很平常，因为那时理应如此。在80年代的时候，大多数荷兰家庭会在洗澡时将浴室门上锁，以免孩子看到父母的裸体，这在当时也理应如此。而现在，小学里的体育课基本不会男女分开上，浴室的门也不再像以前那样经常被上锁，关于性的价值观也频频在媒体中以书面或口头的形式被人们提起。

人们对于谈论性这件事的接受度变高了。青少年被杂志和特殊电视节目中与性有关的信息所淹没。荷兰的机构健全，能为在性方面存在问题和困扰的青少年和成年人提供服务。在荷兰，避孕药易于获得，人工流产也是合法的，而且在小学和中学里会大规模开展性教育。这种对待性的开放态度具有积极的作用。荷兰是全世界少女怀孕率和堕胎率最低的国家之一。外国的相关机构也纷纷来到荷兰观摩、学习。

不断变化的性价值观也使得在性方面对于一件事是否可以被容许的界限产生变化。以前，一个孩子意外看到了自己父亲赤裸的阴茎是一件无法想象的事情，而现在人们则会公开谈论孩子是否可以看到父亲（意外的）勃起。

由于对性的高度开放、乱伦和家庭之外性侵害的相关信息洪流在不断加剧，教育者们对于性行为边界的担忧也在增加。

第五章　关于儿童的性的界限

设置自身的界限

作为教育者，你要确定自己的界限。对某人来说，这个界限是看到赤裸的身体；对另一个人来说，这个界限则是对性器官的触摸。由你自己来确定某些行为是否可以被允许的界限，是非常重要的。对于和儿童的接触，如果你的亲吻是为了给自己带来一种性兴奋的感觉，那你就必须得反思自己到底在做什么，并且需要停止自己的行为，因为那样对儿童无益。

专家认为，对于判断某个行为是否需要被禁止的一个重要标准是：作为成年人，你是否自己唤起了性兴奋感。这有一定的道理。性侵害犯罪者是出于满足一己之欲而与儿童发生性接触的。但是，从孩子身上能够获得性欲的感觉、却并不会构成性侵害行为的情况，有时也是存在的。关键在于你对此会做出什么行为。当你利用这种感觉以某种方式做出行为的时候，就会出现问题了。如果你利用这种感觉来满足自己的性欲，那就是越过了界限。这样做是在逼迫孩子进行并不适合儿童的性行为，会给儿童带来惊吓与创伤。这不仅仅指与儿童的性接触，也包括其他方式，例如向儿童展示色情电影或色情图片、在他们面前自慰，以及在他们面前开黄色玩笑。

即便儿童自己愿意，或是他们要求成人这样做，但这对孩子来说也已经越过了界限。儿童无法理解这样的要求会带来什么样的后果，但成年人对此却很清楚。因此，成年人必须在这种时候明确这个界限。即使儿童自愿与成人发生性接触，可由于这份关系如此不平等，所以也很容易出现操控和胁迫的情况。

除此之外，你也可以想一想为什么儿童会有与成年人进行性接触的需求。儿童与青少年在性方面会与自己的同龄人一起进行探索、实验，而并非与比自己年长或年幼许多的人一起。

第五章　关于儿童的性的界限

尊重孩子的界限

正如成年人有必要确定并捍卫自己的界限那样，我们也有必要尊重孩子的界限。对于他们自己愿意做到什么程度，以及他们接受别人对自己的行为做到什么程度，孩子会给出信号，这些信号或强或弱。在身体方面，有些孩子会比其他孩子更加敏感。有些孩子不喜欢被人抚摸，另一些孩子却很喜欢。如果一个孩子独立地确定了自己能够接受的界限，这便是一件好事。作为成年人，你应当对孩子的这个界限予以尊重。

如果一个孩子表示不愿意在告别的时候给爷爷一个吻，那么有可能是因为爷爷的胡子有点扎人，或者是爷爷总是在此时会太用力地抓着他，那么对于这个孩子来说，这就是他/她的界限。让你的孩子知道告别时不一定非要亲吻，也可以通过拥抱或握手来表达。如果孩子洗完澡后不想被其他人帮忙擦干身体，那就不要这样做，也不要跟孩子说"因为这样会更快"。当孩子不愿意在别人面前脱衣服的时候，不要以成年人的思想觉得小孩子不能这么矫情。不愿意在体育课后洗澡的孩子，校方和家长不能强迫其洗澡。不卫生？怎么会呢？你在家也可以洗澡。孩子必须意识到他/她的身体属于他/她自己，绝不能让孩子有"成年人可以决定他们对我的身体做什么"的观念。通过教会孩子对于违背自己意愿的触摸说"不"，你可以让孩子在对待性侵和恐吓时更具备应对的能力。

第五章 关于儿童的性的界限

儿童永远不会
提出被性侵害的要求

儿童一旦接触到与性有关的信息时，他们可能会提出非常具有挑战性的、与性有关的要求。另外，他们还可能会做出从成年人的性角度来看非常具有诱惑性的行为。6岁的小女孩可能会对她遇到的所有男性生殖器感到非常好奇，并开心且讨好地提出她能不能"看看他们的阴茎"这类要求。

这种出人意料的要求可能会对于被询问的男人或男孩来说极具性欲效果。此时，这个女孩在没有意识到自己这种行为所产生的后果的情况下，正在探究着她能够到达的界限。她有充分的权利来这样做，并且必须能够在她不会受到性侵害的情况下这样做。成年人此时就需要明确界限。这也是孩子想要得知的。

在性侵罪犯的审讯报告中也曾有过这样的记录：儿童自己要求发生性接触，而性侵者并没有违背这名儿童的任何意愿，也尊重了这名儿童的界限。

然而，所发生的这些是完全错误的。在这个案例中，成年人被自己的欲望和兴奋所驱使，利用了儿童的好奇心来满足自己的快感。

还有另外一个案例：一名儿童问自己的母亲能否看看她的阴道，因为他/她想知道阴道看起来是什么样子的。

有很多性治疗师认为你可以通过准确而简明地解释女性阴道和阴蒂的模样来解决孩子的问题，而不是展示生殖器官给孩子看。但性学家们发现，有些有着性方面问题的女性甚至不知道阴蒂的位置，也不知道高潮是怎么产生的。这就是为什么全面性教育在学校和家庭中都应当更多地关注女性生殖器官的原因。

出于这些原因，在不脱去衣物来展示的情况下，你也可以顺利地解决他们所提出的疑问/要求。如果是你的女儿提出这种问题，你可以告诉她，她自己的阴道长什么样子，以及她的阴蒂位于何处。在给孩子讲这些的时候，你可以使用镜子，也可以不用。你也可以通过跟孩子一起观看某本书中阴道的插图来解决孩子的这个问题。在本书末尾有一个推荐书单。

> 成年人之间的性只属于成年人的世界，它与儿童的世界毫无关系。

另外一个孩子可能提出的问题是，他们能不能也跟自己的爸爸或妈妈做一次爱，好让他们能看一看这究竟是怎么一回事。对于这个问题，答案只能是否定的。不管是爸爸、妈妈还是其他的成年人，都不能与儿童发生

第五章　关于儿童的性的界限

性关系。你就是不能这样做。这一点毋庸置疑。

又或者他们会问，爸爸和妈妈愿不愿意在他们面前做爱让自己看看。这也不行哦，性交是一种私密的行为，不能在公共场合做或者被儿童观看。

虽然看到成年人伴侣的性行为并不会对儿童产生直接的危害（除非儿童被强制观看），但这件事在我们的文化中还是不寻常的。在这种情况下，儿童会陷入特殊的处境，并且当外人听到他们家里所发生的事情时，孩子可能会一度陷入恐慌。除此之外，专家们发现，看到正在性交父母的儿童，对此会有比成年人预期更糟的负面感受。儿童可能会感到害怕，或是自己想要参与其中。

成年人之间的性只属于成年人的世界，而且它与儿童的世界毫无关系。

认为儿童目睹成年人性行为没什么大不了的成年人，都没有尊重儿童的界限，也不明白儿童会以自己的方式来理解他们所看到、听到和感受到的一切信息。儿童理解事情的方式与成年人是不同的。

放任儿童在电视上观看色情视频或性爱电影也是同样的道理。尽管色情影片内容有真实的感受，但其中所看到的并不是对现实的真实反映。因为成年人知道事实如何，所以他们可以正确地理解影片中所展示的景象，但儿童却不能。8岁之前，儿童都还处于不断将想象和现实混淆的阶段。年龄稍大一些的儿童也还是无法完全了解成年人的世界，在某些领域，他们还不具备区分现实和非现实的能力，比如成年人的性这一领域。

第五章　关于儿童的性的界限

你无法再和孩子多交流些什么了吗？

大多数家长很清楚什么事情可以跟孩子做，什么事情不能跟孩子做。作为家长，你要知道自己的界限和孩子的界限分别在哪里。对此，本书给出了几个情景案例，同时也给出了几条通用的规则。

首先，永远可以多拥抱、触摸和爱抚孩子。身体上的接触是孩子从一出生开始便具有的需求。

有些专家认为，肌肤是儿童成长过程中第一个性敏感带。如果婴儿没有通过诸如温柔的、充满爱意和关怀的拥抱、按摩、爱抚、搔痒或触摸等形式获得足够的身体接触，那么婴儿在自己儿童时期的性和社会情感方面的发展也会受到影响。

通过被他人满怀爱意地拥抱，儿童会获得对自己身体的正面印象，会获得"自己的身体是值得被拥抱"的讯号。对自己身体的正面印象是拥有健康性发展的一个重要条件。

对于与儿童进行身体接触的界限应该设在哪里的问题，专家给出了另一条规则：一切成人为了满足自己的性快感而有意与孩子进行的身体接触都不可以。因为与自己的孩子一起洗澡而勃起的父亲大可不必为此内疚，因为这是有可能会发生的状况。最好的解决方法是走出浴室，并且之后不再谈及这件事。

但是因为知道自己会勃起，才去跟自己孩子一起洗澡的父亲，必须反思自己到底为什么想要这么做，以及为什么他需要在儿童身边才会勃起。

当然，你有时候会对自己的孩子产生某种性欲的感觉并没有什么错，但更重要的是，你如何去处理这种性欲的感觉。如果一名母亲每次在孩子吮吸乳房时都会产生性欲的感觉，难道她就必须得停止母乳喂养吗？

还有一个更好的规则：当你不敢告诉你的伴侣，你与孩子发生了怎样的身体接触时，这种身体接触就是被禁止的。

第五章　关于儿童的性的界限

偏离主题的儿童游戏

正如在某些成年人和儿童之间的肢体游戏存有界限，儿童互相之间的某些游戏也有界限。

年纪稍长的儿童要比年幼的儿童在性方面成熟得多，在与比自己年幼的儿童玩肢体游戏时，两者的目的和功能可能并不一样。两个5岁的孩子在一起玩医生检查身体的游戏，是因为他们都正处于探索自己身体和感受的同一阶段。但要是一个12岁的孩子与一个5岁的孩子玩医生检查身体的游戏，就值得注意了，因为这个12岁孩子的探索阶段早就已经过去。12岁的儿童刚开始进入青春期，在以一种不同的方式体验性。这个时期的儿童有几乎与成人一般的性感受和性需求，这与5岁儿童的体验是完全不同的。

由于年龄差异，有可能年长的儿童会比年幼的儿童在情绪上更占据主导地位。在这之前年长者可能会对年幼者进行操纵或者胁迫，或者年幼的儿童更容易觉得自己受到侵犯。那么，应该在年龄差距为多大时，不再允许儿童玩这类游戏？这通常很难确定，因为儿童在发展水平上肯定会有差异。但有一个很好的参考规则是，对此的界限可以设置为年龄差距3岁及以上。

但是即使是年龄相同的儿童，在玩肢体游戏时也可能会偏离主题。这并不是指他们观看或者抚摸彼此性器官的游戏，也不是扮演父母制造一个婴儿的游戏，而是所有那些在玩的过程中，一方会被强迫做一些他/她并不愿意的事情，以及所有在这个过程，儿童会彼此伤害的肢体游戏。

所以，在下列情况中，儿童不应该玩医生检查身体的游戏：一方不愿意玩或者不敢玩的时候；一方被胁迫如果不玩就再也不能过来玩的时候；如果承诺玩这个游戏后，他/她就可以玩游戏机的情况。如果玩医生检查身体的游戏时会有东西刺入孩子身体，那孩子应当拒绝玩这个游戏。此外，不可以把温度计或其他物体插入臀部或阴道，因为这样会造成伤害。

所有这些原因都可以用来给孩子解释。

通过这些，孩子就会明白，性不能与疼痛或威胁并存。告诉孩子，没有人可以操纵他们自己的意愿。这样，孩子会认识到这样做是不对的，并且如果这种事真的发生，他们也能够谈论这件事。

学会如何彼此相处的儿童，在之后也能够建立并维持一份良好的性关系。

有时候作为家长，你可以思考一下，在游戏过程中可能发生了什么。你的孩子是否不再愿意跟其他孩子一

第五章　关于儿童的性的界限

起玩，或者透露出与他之前表现不相符的讯号。如果你对此感到担心，那么当务之急就是与孩子谈一谈这件事，了解究竟发生了什么。在问孩子问题时，尽可能保持平和，确保你的口吻不是指责或责备的。因为即便发生了什么，也不是孩子的错。

如果你还是担心，那么最好寻求帮助。先把疑问告诉医生，最好能把你对于下一步应该怎么做的判断也告诉医生。

＃ 6
CHAPTER

第六章

常见疑问

第六章　常见疑问

以下是家长们常见的疑问精选。经常有人在育儿课程或互联网上提出这种问题，例如"家长在线"，以及我的个人网站（http://sanderijnvanderdoef.nl/）等。家长们可以通过网站向专家们咨询不同方面的问题。

儿童会出现
自慰的现象吗？

"我6岁的女儿在感觉安全舒适的情况下，会躺在沙发或者床上不停'摇摆'。她会趴着打开双腿，然后把手放在两腿之间，用大拇指触摸自己的阴蒂。之后，她会不停地呻吟，大汗淋漓。

她在1岁半以后就会做出这类举动。在幼儿保健所人员的建议下，我们当时对此没有采取措施。但现在我想知道的是，应该放纵她的这种行为多长时间。在整个事件中，令人奇怪的是我们2岁的儿子现在也已经开始这种行为。另，值得说明的是：我们自己的性生活完全不开放，我们能确定孩子们对此毫不知情。

提问：在什么时机下我们需要对此采取什么样的措施？不管怎样，我们都希望这些措施不会让女儿感到羞耻。这么多年，她已经习惯这种行为了。"

您不必担心您女儿的这种"摇晃"行为是由于窥视了您和您丈夫之间的性行为而形成的。很多孩子身上都会出现此行为。事实上，对于他们长久以来没有羞耻感地做出这种行为，只能说明他们很享受家所带来的安全感。

第六章 常见疑问

大多数孩子会在2岁左右开始抚弄他们的生殖器官。这么做是因为这种行为能给他们带来愉悦和放松的感觉。有些孩子会自动停止这样的行为，尤其是那些很受周围环境干扰的孩子。而另外一些会停止这类行为的孩子是由于他们察觉到人们对于这种行为的批判，或者听到其他小朋友们对此的议论。

在7岁左右的阶段，大多数的孩子都已经知道最好不要在公共场所和在其他人面前做出这种摩擦行为。

但有些时候你会发现，这种摩擦或者摇晃行为反而会在六七岁的时候又开始增加并且会在孩子上学后变得严重。这种情况可能和压力有关。小学一年级时，有些孩子的压力会增加。和之前幼儿园相比，学校对他们的要求提高了，而这些要求或者期望对于某些孩子来说有点太多——特别是在家庭问题的双重压力下，例如父母之间有矛盾，一个新的弟弟或妹妹出生，又或者是搬家，这些都会让自慰行为成为孩子发泄和减轻压力的出口。

但很显然，您的女儿感受到的是安全感而不是批评。从您的故事里我注意到，她只会在家里这么做。她应该不会在其他房子或者学校里做出这种行为。很显然，这是因为她知道在那些地方是不允许这样做的。基本上，她的行为已经能被自己很好地控制，因此你可以不用干预此事。但是如果您想要干预又或者您希望她至少在客厅里能够停止此行为，那么您应该现在就和她开始沟通。

告诉孩子，让她以后最好在躺在自己床上的时候再这样做。不要用批评的态度，而是提供一个替代的时间和场所。也可以当她在客厅里开始这种行为时，利用能让她放松的事情来分散她的注意力。当您发觉她在自己房间和自己床上做出此行为时，您得避而不谈。这样的话，她从您这儿得到的信息会是：这种行为不是禁止的。但是她也能够明白这种行为只会在私密的场所才被允许发生，并且有一些行为的准则，如不要伤害到她自己，也不能把不干净、不安全的东西放进生殖器官内。

关于您的小儿子：我建议您目前不要进行干预。他现在在观察他姐姐的行为，只要不再经常看到，很有可能他的行为也会随之变化。

第六章　常见疑问

让孩子看到父母在进行性爱是一件严重的事情吗？

"自从我有了孩子以后，我对做爱的兴趣是少之又少。那是因为我非常担心孩子们会听到或者看到做爱时发生的这些行为。我猜想，他们会因此受到很大的刺激。所以现在，我想给自己的卧室门上安锁。但如果他们还是不小心进来，我能采取的最好措施是什么？"

弗洛伊德在他的那个时代（1930年左右）认为，对于孩子来说，意外观察到父母的性行为是非常痛苦的经历。弗洛伊德认为，当孩子们听到父母所发出的声音时，会以为他们正在打架。当他们过去看时，这一猜想会得到证实，因为弗洛伊德认为父母在那一刻所做出的行为会让人感受到强烈的攻击性。此外，若孩子在几天后又无意中发现了母亲卫生巾上的血液时，这时孩子会理所当然地认为父母在卧室里做了非常可怕的事。若孩子对此已经有体会，而卧室的门上又多了一把锁，这种印象会更深刻。

但在这个时代，人们的想法又改变了。假设弗洛伊德的理论是正确的，那么几个世纪以来应该出现了许多具有创伤的人，因为直到不久之前，很多家庭还是所有家庭成员睡在一个卧室，甚至是一张床上。以哺乳动物为例，它们只有在观察到成年动物的繁殖行为之后才会具备有效繁衍后代的能力。幸运的是人类也能从自身的经历里学到很多。孩子们会通过实例学习如何进行性行为。这些实例很有可能不是直接来自于父母，而来自于，例如电视——有谁不是从电影或者电视中学到舌吻技术的？

令孩子震惊的可能是他们不能够理解自己所观察到的父母之间的性行为。那么你需要向孩子解释的是，做爱是一种能够给大人们带来愉悦的行为。他们会通过这种行为来表达对彼此深刻的爱，而且在此期间会有很多亲吻、爱抚和欢笑。这样，孩子们就会理解他们看到的不是一场战争；父亲和母亲不是在互相伤害对方，而是彼此深爱着对方。这就是大人们之间相爱的方式。

当孩子无意中进入你的卧室而你正在进行性行为时，你应该尽量保持冷静。你大可以把孩子拉到身边并给予他/她关注，让他/她安心。而当他询问你们在做什么时，你可以利用以上所描述的方式向他解释。然后再把孩子带回床上睡觉。给卧室门上锁，对于许多成人来说是一个安全的办法，但可能给孩子留下的印象是在那个房间里发生了许多秘密，或者他们是不被父母欢迎的。此后，他们听到的响声会对他们造成更大的困扰，因为他们已经失去了当场提出疑问的机会。

第六章　常见疑问

在什么时候向孩子解释避孕？

"我的孩子一个6岁，一个8岁。最近，我的小儿子问我：'什么是安全套啊？'当时，我吓了一跳，一个6岁的孩子已经知道有关安全套的事了？他不是从我这儿知道的。我问他是从何处学到的这个词，他说学校里的孩子们说过这个词。'但是那是什么东西啊，妈妈？'我的大儿子也想知道。说实话，我并不认为6岁和8岁的孩子需要了解关于避孕的事。这个不是他们进入青春期以后才需要谈论的话题吗？"

作为抚养者，你确实不应该一次性给孩子讲述所有你需要让孩子了解的关于性的事。但是，性不是一个独立的故事，而是人生道路上的一部分。谈论性是幼儿教育里的一部分，会涉及讨论到关于书籍、电视栏目和自身的感受，从而谈论到性感受。一旦你的孩子向你提出问题，你就有必要给予他们回复。

特别是在孩子还小的时候，他们会使用一些自己实际上还不理解其意义的词汇。但他们已经能够认识到某些词汇可以引起反应。利用某些词汇可以使人笑，某些其他词汇则能让你收获赞美或者使成年人生气。无论如何，首先要了解他们是否理解自己所说的话。然后再开始对这个词汇的意义进行交谈，或许你可以告知，你并不想以这种方式对此进行交流。

> 提醒10岁、11岁的孩子在他们发生性行为时使用避孕措施。

谈论避孕方法可采用以下两种方式：知识信息和预防。预防措施可以在他们小学毕业，也就是11岁左右的时候进行普及。知识信息这种方式可实施于任何他们有需求的时刻：可以是他们3岁时看到妈妈牙刷旁一排药丸的那一刻；或者是他们6岁时想象着安全套为何物的那一刻。而且可以肯定的是，你可以在他们10岁或11岁时，又或者是当他们面临进入青春期或者正处于青春期的时候进行这个话题。但你这样做的目的是提醒他们在进行性行为时，必须要采取避孕措施。

几年前，你和孩子们谈论避孕方法是为了向他们解释，不是每次两人发生性关系时都会孕育出一个婴儿。我们可以通过使用不同种类的方式来阻断精子们去往卵子的道路。你不需要一次性把所有的避孕方法进行详细的解释，但是对于避孕药和安全套的使用，大多数幼儿已经能够很好地理解。

第六章 常见疑问

当孩子想要尝试进行性行为时，我应当采取什么措施？

"我是一名补习机构里的女教师，我的班级里有25个年龄在5~10岁之间的孩子。几个月前，在与家长们沟通之后，我们开展了一次针对孩子们的性教育宣传项目。这一项目取得了巨大成功。然而在上周，我们突然发现在休息区的一角，一个5岁的小男生正光着身子躺在一个4岁小女生的身上。而且令我感到无比吃惊的是，这个男生试图将自己的阴茎塞入女生的阴道。不过，幸运的是，我们刚好能够及时干预，并表达了我们对其所作所为的不满。大家对此都非常震惊，而且不知道该如何看待这件事。"

这是非常少见的情况，在一场详细的性教育之后，孩子们会试图去模仿大人之间的行为。如果发生了这种情况，我们需要直接告诉孩子停止这种行为，并向孩子解释这是一种成年人的行为，而不是孩子的行为。这并不算是特别奇怪的事，因为你们的性教育中，肯定突出强调了成人们会做出这些行为是因为他们彼此相爱，而且他们非常享受这种行为。当我们以这种方式向孩子们解释时，就不难理解有些孩子会因此想要体验一下。这个尝试性的行为通常会发生在7岁以下的孩子身上。成人之间其他形式的性行为，例如舌吻以及口交行为（舔生殖器官），则会出现在12岁以下的孩子身上。当它发生时，我们并不需要想当然地将其理解为异常现象。它可能是完全纯洁的。只有当此行为经常在同一孩子身上出现并且具有明显的攻击性时，人们才需要思考他们这么做的原因以及这种习惯是如何形成的。此时你就必须要对此进行干预了。

性教育时需要强调，给孩子们解释，将阴茎放入阴道的行为只是属于成年人，并不属于儿童。无论如何，补充这一信息非常必要，而且在解释，诸如婴儿如何从妈妈肚子里出生时，也有必要强调这一信息。

第六章 常见疑问

我10岁的儿子发现了我的性玩具。我现在应该怎么办?

"我想开门见山地说。我是有两个孩子的单身母亲。为了满足自身的需求,我买了一个震动器,而我的大儿子(10岁)已经发现了它。这让他很不高兴。我该如何面对这个状况?

一方面,我非常理解他;但另一方面,我不希望他现在就认为,我是一个低俗的人。此外,我应该不用对此承担责任吧?"

当你的孩子面对你作为成人的性需求时,这可能会使你感到烦扰和尴尬。对你来说,这些私密的事你甚至不愿和自己的闺蜜分享,更不用说是和自己的孩子。但是如果这种情况还是出现了,那么它可能会让你感到羞耻。

孩子可能对此做出的反应:

· 孩子被吓坏了(例如幼儿)。

· 孩子会错误地理解所发生的事情,例如认为看到家长们在进行性行为时之所以叫喊着,是因为疼,而不是其他别的原因(如性兴奋)。

· 一些年长一点的、知道多一些的孩子,可能会很生气。

您孩子的反应属于最后一种。为了防止孩子的这种反应以及您对此会有的反应，可以将这类物品（例如色情影片和图片）远离孩子们的视线范围。

但是事情已经发生了。现在所能做的是和您的儿子进行沟通，表示在实际生活中，与儿童相比，成人有时会做出一些非常不同的行为。当成人做出很不一样的举动，而儿童们知道了所做的"异常"行为时，他们会对这一切感到不可思议。性和这些行为也一样。所以，儿童们还不需要完全了解成人的世界。等他们再大一些时，这些会自然而然地随之而来。

此外，事实上，当孩子一旦到达某个年龄，并且稍微能明白成人发生性关系时的行为，他们绝对想象不到自己的父母也会做出这些行为。有些孩子甚至拒绝相信他们自己的父母拥有性感受。所以当他们意外地要面对这些时，会有非常强烈的反应。

您的儿子需要时间来消化这一切，但一段时间后他还是会放下这一切的。此刻，在这个年纪，他还不具备理解这些的能力，但是之后——当他自己开始尝试性行为的时候——他会再次记起这些事来。最终，他还是会对这些表示理解。

如何与家长和其他教师探讨关于性教育的看法?

"我班级里的孩子们年龄在2~4岁之间。我会定期地和孩子们的父母交流各类教育事务。在家长会上,我们能愉快地和对方探讨许多教育问题,例如大小便的训练、睡眠问题、饮食问题、新游戏。我们还没有谈到关于性的问题。尽管白天的时候我还是能够观察到孩子身上各种各样的行为。此外,孩子们也会向我提出关于性的问题,我也会如实回答。但最近,当我和一些家长提及此事时,我发现许多家长会觉得我在这方面太过自由开放了。家长们对我允许的事情持有不同的看法。从那时起,我和少数家长之间的气氛明显恶化。我应该如何处理这种局面?"

定期和家长们就如何实施对孩子的教育进行协商,是有意义的。我们应该鼓励更多的日间托儿所、儿童护理中心以及学校也开展此类交流。

这种协商具有双重功能。一方面,家长们能够清楚地获取信息,尽管有时他们对此没有兴趣,这些信息包括白天和孩子们互动的管理者们和教师们所使用的教育守则，以及他们的价值观和行为标准。家长们有权得知其孩子所获得的教育是否和自己的观点及想法相符合。

另一方面，管理者和教师能够听取家长对于某些教育问题的想法，也是一件值得鼓励的事情。这对解释和理解孩子们某种特有的行为有所帮助。

在日间托儿所或者学校里的孩子拥有不同的文化背景，因此也需要去了解他们对于性教育存在的（不同）看法。这会让工作能够更顺利地开展，也能启发新的思路。当家长们和辅导者的观点相差太多时，通常可以选择比较简单的解决方法，那就是对家长们说：如果你不认同这些，可以不让你的孩子待在这儿。如果分歧真的不可调合，在必要时可以采取这个解决方案。但大多数情况下，双方应该思考如何综合以及考虑到彼此的想法。这样你就能在教育方面寻求共同的目的。

你必须要尽力考虑到有些家长们可能对性所持有的不同看法。如果并没有违抗你的原则，那就可以接受。因为这是专业的态度。这也包括你自己对于性的观点可能并不总是和你单位里关于性在政策上的教育观念相一致。只有当条约、价值观以及规范标准出现根本分歧时，家长们才会寻找其他符合其想法的机构或学校。这也就是为什么学校或日托中心对性教育需要有清晰的认识是很重要的。最好是有一个书面形式的愿景，以便让新的家长有机会阅览到这一愿景,并让它成为是否选择这个学校或日托中心的一个重要决定因素(当他们不认同学校的性教育观念时)。

儿童之间的性游戏

"中午,我们坐在户外时,6岁的埃里克突然说:M.想和我做爱。M.是他在学校里的朋友,也是6岁。在平静的交谈之后,我们了解到M.吸吮了他的阴茎并且吻了他的臀部。几个月前,这件事发生在学校里的灌木丛中。

晚上,我进一步向他了解了这件事。他说,当时他对M.也做了相同的行为。同时,他说自己并不愿意这么做,但显然无力反抗。埃里克说,之后M.还曾几次让他如此,但都没成功。

埃里克对此事非常反感。但我们并不认为这是创伤型的。不过,明天我要和学校的领导谈论此事。

我们向埃里克解释了这是一种当你长大成年以后才能发生的行为,而且这只能和你非常爱的人进行。埃里克对此的反应是,M.显然很爱他,但是他却并没有相同的感觉。此外,我们也告诉他,这个行为只能发生在自己愿意的情况下,而且没有人能强迫你。

我们的问题是:除此之外,我们还应当做些什么?比如去看医生或心理医生?如果我们这么做,会把问题恶化吗?"

第六章 常见疑问

作为一种性游戏，吸吮他人的阴茎在儿童中出现的频率往往多于我们的想象。显然，他们是通过媒体或者从年龄稍大一些的孩子讲述的故事里获取的信息，并且想付之行动。在少数情况下，这可以被视为潜在侵犯事件的信号，我们需要对此进行干预。

我猜想，您故事里的两个孩子还只是在进行性游戏。在这类游戏中可能会出现的情况是，某些行为之后，有些孩子会对此失去了兴趣，却还是继续进行游戏——有一部分是因为刺激感，还有一部分是因为无法承受其他孩子带来的压力。

如果这是没有强迫或者暴力的单次行为，那么之后，和您所预感的一样，孩子应该不会出现创伤后遗症。

您和孩子的沟通极为有益，而且显然您的孩子能够拒绝之后他朋友的多次邀约。

您现在能够做的最重要的事是帮助孩子，使其能够在不情愿的情况下坚定自信地表达自己的感受，并自主做出相应的反应。您应该对他能够在发生一次以后提出拒绝的行为进行称赞，并告诉他在类似情况下都可以这么做。

就我现在的预想，进一步的援助是不需要的。

但在未来的一段时间里，请继续观察您的儿子。当他发出不想再去学校或者夜晚不能好好睡觉，又或者做出反常行为这类信号时，您需要对此更加关注而且有必要咨询一下儿童心理医生。但就目前来说，没有必要。而对于另一个孩子，很显然需要更多的关注。而且问题是，为什么他会反复要求你儿子做他不想做的事情？这个问题是适用于他的年龄的，所以这种行为背后的原因是什么？如果你有机会，试着和那个孩子的母亲讨论一下。向她解释你儿子告诉你的事。告诉她，她儿子的行为和问题是与他这个年龄不相符合的，并且她需要和她儿子谈一谈。

第六章　常见疑问

月经初潮
和首次遗精

"我的大儿子已经12岁了,最近我在洗衣篮里发现了他湿的睡裤。前几天也发生过这样的事情。我突然意识到这可能是因为做了性梦。但这对他来说是不是太早了?另外,我还有一个10岁的女儿。我也需要现在就开始对她的月经初潮做准备吗?这不是她进入中学后才会发生的吗?我自己的初潮是在12岁,而且当时大家普遍认为这已经是提早了的。我能对她做的最好准备是什么?听说有些人也会庆祝这一时刻。"

男生12岁首次遗精以及女生10岁月经初潮,是很有可能的。目前月经初潮的平均年龄是在13岁左右。但平均值不能说明什么。因为会出现许多或高于或低于此数值的人群。鉴于男生进入青春期的年龄比女生晚一些,他们出现遗精的年龄在14岁左右。

近几年来,女生和男生进入青春期的时间越来越早了。但是他们情绪上的变化也不再那么激烈。这说明在某一时刻,他们的性器官已经成熟,而从儿童情绪的角度来看,他们还远不是如此。作为家长,你必须意识到这一点。因此，要顾及这是一个具备生殖能力的身体，告诉他们有关避孕方法以及求爱第一步骤的信息。与此同时，要顾及那些还不想要了解交往和爱情的孩子们。那些还是想要坐在你腿上（虽然他已经个头很大了），想要被拥抱，想要被当作幼儿对待的孩子们，你最好还是能经常这样做。

家长常常会对孩子如此快速地进入青春期毫无准备，因而忘记和孩子们谈论即将面临的月经初潮和首次遗精这些事。而且，即便之前你已经进行过讲解，但是对某些孩子来说，面对月经初潮和首次遗精还是有些害怕的。不过，当他们已经做好准备，并且男生和女生对彼此进入青春期的"表现"都有所了解时，就没必要有这些担心害怕了。例如首次遗精，可以详细解释的是，通常会发生在睡梦中。对于某些孩子来说，他们玩弄自己的阴茎或是自慰时，也会出现这种情况。但也有可能直到第一次性接触时才会出现这种情况。

> 作为家长，对月经初潮和首次遗精保持积极正面的态度是有益的。

关于月经初潮可以详细说明的是，血液不总是鲜红的，也有可能是棕色或者是一种较稠的物质。初潮后的第一年，或者更久的时间内，月经周期都相当不稳定，

第六章　常见疑问

而且不是每个女生来月经时都会有强烈的腹痛感。

有些家庭也会对月经初潮和首次遗精进行热烈庆祝。关于到底是要举办这样的派对，还是除了提供正确的信息外不要过度庆祝，都应当取决于孩子的意愿。有些孩子会以自己的身体已经成熟这一事实而无比自豪，并且认为这样的派对是对这种自豪的肯定。而另外一些孩子则会害怕自己不再是一个孩子，他们以后再也不能以一个孩子的姿态行事和作为了。对于他们来说，最理想的情况是外界还是能够偶尔将他们视为孩子。在这种情况下，就不适合举办这样的派对。

作为家长，对月经初潮和首次遗精保持积极正面的态度是有益的。无论是作为家长还是孩子，这其实都是一件很值得骄傲的事。尽管作为母亲，你看到的都是有关月经的负面状况，但还是要尝试从"成为女人"、"在通往成熟的路上"、"对于自己身体已经具备生殖功能的一个标志"这些方面向女儿强调其积极的一面。

关于处女膜的误解

"我12岁的女儿在一年前来了月经初潮。起初,我只是给她拿了卫生巾,但是不久之前,她来问我在某些情况下,例如游泳、跳芭蕾以及运动时是否可以使用卫生棉条。我觉得她太小了,不适合用这个。当初我使用卫生棉条时比她现在大多了。卫生棉条会对年幼少女造成伤害吗?我考虑的是,她的处女膜是否还会因此而完好无损。"

关于处女膜存在一种较深的误解,即说它是阴道里的一层薄膜,由于运动量太大,尤其是马术运动迫使你双腿打开或是在跳芭蕾时需要练习的劈叉动作,会使你的处女膜破裂。另外一个误解是,当你第一次发生性行为时,作为女生一定会疼而且会出血,那是处女膜的破裂所带来的血液和疼痛。但真实情况如何呢?

处女膜并不是用来封闭阴道的一层膜。它其实是阴道内部壁上的一层类似一条肉一样的组织。在有些女孩的身上它可能很薄或者几乎看不到,但在另外一些女孩身上它可能很粗或者比较宽松。这样一小条边边或者说

第六章　常见疑问

是筋，是无法封闭阴道的。当这条筋变得较硬，且只有在有物体进入阴道时，才可能使其裂开。这些裂缝有可能会造成出血或者疼痛，这不是由运动、骑马或者劈叉引起的（这些会让你的双腿张开得比较大，而不是你的阴道）。所以，即便是卫生棉条也不一定会造成撕裂。

第一次发生性行为时，女性会疼痛以及出血这样的频率远没有想象的那么高。在美国的一项研究中发现，受访的女性中有82%没有出现出血的情况。在荷兰，一项由杂志YES（主要面向16~23岁女孩的杂志）开展的研究发现，只有23%的女生在第一次性交时会感觉到疼。那么，这意味着其余的女生是因为做了太多的马术运动吗？

为什么还是会有女性在第一次性交行为时会出现出血以及疼痛的状况——有些在第一次之后也还是会出现？那是因为她们的处女膜太紧或者太硬，也可能是由于经验不足而导致女性的阴道不够湿润或者性交的方式过于激烈而造成的，还有可能是女性将她骨盆底的肌肉绷得太紧而使性交变得困难和痛苦。

所以卫生棉条以及运动不会让你失去处女之身。失去处女之身是指第一次阴茎完全进入阴道。那时没有发生出血现象，也并不表示你不是处女。

如果女孩自己愿意，完全可以在初潮时就放心使用卫生棉条。市面上有着不同大小的卫生棉条，少量出血时也可以使用比较细小的卫生棉条。但重要的是，你要向她解释每过四小时就要替换棉条，以预防相关疾病。因此，在来月经的前几天夜里，最好还是使用卫生巾。

男孩的包皮

"我7岁的儿子有个接受过包皮环割手术的朋友。最近,他告诉我,他朋友的阴茎看起来很不一样。他问我这是怎么回事。坦白地讲,我并不知道该如何回答这个问题。除此之外,他说他也想要这样的阴茎,因为他的朋友说这样的干净多了而且这对以后的性交也是有好处的。是这样的吗?"

男性环割包皮是出于宗教、卫生或者医疗的原因。在美国,百分之七十以上的男性会进行包皮环割术(这已经成为了一种习惯)。包皮环割手术是在麻醉的情况下,将包皮或是一部分皮肤切除,使得龟头没有包皮。通过这种方式便于以后清洗龟头。但由于失去包皮的保护,在手术后的初期,龟头会变得比较敏感。不过,这种敏感程度会随着时间变得越来越低。

接受包皮环割手术和性交能力毫无关系。有些专业人士认为,纯粹因为卫生原因而进行此手术是没有必要的。没有接受此手术的男性同样可以轻松地对自己的龟头进行清洁。

出于医疗原因而进行手术是因为包皮太窄。当男生的包皮太窄不能完全拉回到龟头，或者这么做会疼的话，这通常会被认为其包皮太窄了。不过，年少的男生通常还不能完全拉回包皮。在他们出生时，包皮还完全粘在龟头上。而且35%的男生直到12岁时还是如此。大多数男生的包皮会在这之后脱离龟头，在此之前并不需要采取强制措施，否则只会带来痛苦。

第六章　常见疑问

该如何谈论关于自慰、性高潮以及性欲这些主题?

"我认为，对于和孩子谈论性，应该持有开放的态度。并且直到现在为止，我也是这么做的。只是我发现对于某些主题，我还是觉得有一定的难度。不管我对于性交、肉体、孕育和获得婴儿有着何等开放的态度，而且尽管我也发现孩子们在触摸自己生殖器官时能获得快感，但我还是发觉自己完全没有谈及自慰这个问题。更让我困惑的是，该怎么跟他们讲述性交和自慰能使他们达到性高潮这件事，还有比如欲望、性欲这些，我该怎么说?"

对于大多数育儿者来说，谈论性不是一件容易的事情。但有时你必须这样做，而且你希望自己能克服尴尬来解答孩子所提出的问题。甚至许多有经验的性教育者对于关于性的某些主题也还是难以启齿。例如自慰、性高潮、性兴奋和性欲望等。这可能是来自自身的羞耻感，或者是对开展此话题的不适应。因为这是非常私人、私密的东西，所以才使其变得难以启齿。也或者可能是因为你受到的是对性的负面教育。

> 让男生和女生意识到触摸生殖器能获得快感是非常重要的。

然而，这些都是孩子们能够接受的主题。大多数儿童从2岁开始就能从自己的生殖器官获得快感。在某种程度上，这种行为可以和成人的自慰相比较。你可以和孩子谈论它所带来的快感，但这不是在其他人面前可以做的行为，因为这是属于自己的，是与他人毫无关系的行为。对于女生来说，从某一刻开始，她需要知道她拥有一个凸点，那是可以给她带来快感的阴蒂。性学护理的实习机构发现，许多有着性高潮问题的女性并不知道阴蒂的存在和功能。而且，从特定的时刻开始，男生也应该对此有所了解。

谈论关于性兴奋（那种你非常期望进行性交的感受，对性交的欲望，想要进行性交的心情）和性欲望（一种对性交更加强烈的欲望，除此之外你已经不能思考其他事物，一种你不用相爱也可以拥有的感受）这些主题时，你不需要一次性都讲完，但是要表明"这些是属于成人性行为的一部分"这一信息。

可以把性高潮解释为一种特殊的感受，是你和他人性交或自慰等自体性行为时所获得的感受。每个人对于性高潮的感受是不同的，但相同的是，这是一种非常特殊且愉快的感受。当你体验过一次性高潮的感受之后，

第六章　常见疑问

一般情况下你就能确切地知道那是一种什么感受,那是一种明确无误的感觉。曾经在一本给幼儿的宣传手册里,将性高潮和打喷嚏之后的感觉相提而论。可也许对于幼儿来说,这种比较并不奇怪。

何时以及如何谈论性侵害？

"我六七岁的孩子们在学校里听到了许多关于幼儿绑架的事。由于校方没有给予充分的解释，从而传出了可怕男性将你绑架，然后吃掉或是杀掉的这类故事。孩子们似乎会因为此类故事变得比较紧张，但我认为在一定的时刻应该提示可能发生的危险，提供正确的信息。对于我来说，这样一个可怕、困难、有很负面影响的主题很难和孩子讨论。"

性侵害是一个相对困难却又非常有必要和孩子谈及的话题。这是性的负面因素，由于作为教育者的你只想要让孩子了解正面的思想，所以这些负面的内容是你非常想要隐藏的。因此，每次都先开始谈论性的积极方面，之后再说它的负面因素，才是明智的做法。

如果第一次与儿童谈论"性"，便是对于性侵害的警告，那么儿童就会把"性"认为是他们应当谨慎提防的事物。

有些专家对于人们是否必须认为性侵害与性之间存有关系表示怀疑。在英国，一些学校开展了一项名为"紧急遇险和事故急救"的活动，这项活动教给孩子如何在危险情况下应对处理问题。例如，在面对一场无论他们自己是否被卷入其中的交通事故时，在面对火灾时，以及在面对即将发生的性侵害时。对于儿童来说，性侵害的情形并不总是与他们在儿童这一年龄阶段所体验到的性有关系。在这些情形中，他们的身体会遭受侵害，并且性侵害的罪犯是在占据主导地位的情况下对儿童施害的。这些都是带有羞辱性而又恐怖的情形。你可以与孩子谈论这些，但主要要跟孩子说的是，假设这样的情况发生，他/她可以做的事情有这些：拒绝、逃离、确保自己可以把这件事告诉某个人。另外，他/她还可以思考并核实一下，那个陌生人告诉自己的事是否正确。会有不认识的人——往往更多时候是认识的人——让你做你并不愿意做的事，或是想和你做你并不愿意做的事。

> 向孩子解释，世界上有好的秘密，也有坏的秘密。

这指的是什么？他们对你的身体、你的阴茎或是阴道的抚摸，以及他们爱抚你的欲望，或者是让你对他们做出这样的行为。他们在做这些事情的时候有时态度友善，有时候则不然。通常来说，他们会承诺在事后送给你一件礼物，你也必须承诺不会把这件事情告诉其他人。

向孩子解释，世界上存在好的秘密，也有坏的秘密。对于好的秘密，你不需要把它告诉任何人；但是对于坏的秘密，你就必须把它告诉你信任的某个人。对于你不愿意的事，你永远都可以拒绝它，哪怕是对方向你承诺会送你特别好的礼物。

有一些基本技能是你的孩子可以学习的。当孩子面临即将发生性侵害的情形时，这些基本技能很有必要。孩子必须能够判断当下自己所处情形的好坏和危险与否，以及出现这样的情况是否是正确的。然后，孩子需要拥有想方设法摆脱这种局面的能力。为了学会这些技能，孩子必须有一定的自信心和良好的自我价值观。这两点也是可以通过学习来获得的。

对于年幼的孩子来说，与他们玩"当……的时候你该怎么做"的游戏是教给他们能够应对不同"困难"情形的一种好方法。这一方法在研究中也被证明是有效的。除此之外，你还可以通过这种方式得知，他们对应该如何面对这些"棘手"情况的了解程度。例如，当你在拥挤的百货大楼与大人走散了，你该怎么做；或者当一位亲切的女士说自己是你妈妈的一个朋友，想带你回家时，你该怎么做。

第六章　常见疑问

你该怎么向孩子解释同性恋？

"我4岁的儿子有一个好朋友。只要有空他们就总是在一起玩。他们真的是一对很要好的小哥俩。最近，他们在幼儿园说起恋爱的事，在还不完全了解这个含义的情况下，大多数孩子都已经有了一个喜欢的人。幼儿园老师也是一个被喜欢的对象。当我问我儿子，他喜欢谁的时候，他毫不犹豫地说，他喜欢他那个最好的朋友。今天他回家的时候告诉我们，他从他最好的朋友的妈妈那里听到，他们两个不能谈恋爱，因为他们两个都是男孩子。我的儿子对此完全不理解。我试图跟儿子解释说这仍然是可以的。但是儿子的朋友却不再想要这样了，因为他的爸爸说他是同性恋，并且还嘲笑了他。"

幼儿确实可能会对他人产生爱的感觉。这对他们来说是一份特殊的友谊。他们可以和任何人体验到这样的感觉。但不幸的是，孩子们在这个年纪已经从某些成年人那里听说某些形式的爱"不合适"或是"不被允许"。

如果青少年在他们的青春期时一旦发现自己有同性恋的感觉，这可能会带来巨大的困惑和恐惧。有些人会长年累月地否认这份感觉；另一些则会带着这份感觉生活，但却像隐藏一个天大的秘密般隐藏它。这些人会对周边环境做出的反应感到非常恐惧。不过，我们可以通过从小就与孩子讨论性时，涉及同性恋的话题来避免一部分这样的困惑、恐惧以及周围环境里的消极反应。

与孩子谈及性时，面对孩子，同性恋必须是一个平常且能被接受的话题，从而使得这个话题现在仍然存在的反常又特殊的阴影消失。你无需与年幼的孩子说明"同性恋"这个概念，这个概念对他们来说还没有太大的意义。或者你可以说，这是一个成年人会使用的词汇。你可以谈到有些男孩和男人会喜欢男性，并想与之发生性关系。他们之后也可以跟对方结婚[1]，如果他们愿意的话也可以生活在一起。当然，这种情况对女人和女孩来说也同样存在。

不是每个教育者都能这么容易地谈论同性恋。作为成年人，你必须首先弄清楚你自己对于同性恋持什么观点。因为即使在你能传达的最客观、最中立的信息中，也会无形中夹带着你自己的主观色彩，只不过没有用语言的形式表达出来罢了。比方说，你刚刚很自然又态度中立地给孩子讲了一个关于同性恋存在的故事，却在一小时后，因为某个嘲笑同性恋的节目而在电视机前放声

---

[1] 编者注：2001年4月1日，荷兰同性婚姻法律正式生效。

第六章　常见疑问

大笑，那么孩子就会因此而获得不同的信息。

作为一个成年人，接下来，你必须弄清楚自己想传达给孩子关于同性恋的信息是什么样的。你希望你的孩子认为同性恋是爱情的一种，只不过是一个人爱上了另一个跟自己性别相同的人，就像异性之间的恋爱关系一样寻常，希望孩子们认为同性恋是健康的、正常的，就像异性恋一样亲密而充满爱的？如果你想给孩子传达上述这样的信息，作为成年人，你必须明确这一点，并且拒绝接受在班里或街上讲那些"同性恋笑话"。另外，不要接受孩子们互相骂对方"娘娘腔"的行为，也不要跟年幼的孩子们说他们不可以爱上自己最好的朋友。

下面这个问题可以用来测试你作为一名家长，对同性恋的接受程度有多少。当你正处在青春期的孩子回到家中告诉你："爸爸，妈妈，我必须告诉你们一件事……"的时候，你会有什么样的感受？

如何与别人的孩子谈论性？

"我在一所小学教书很多年了。我认为作为老师，你必须能够和孩子们谈论性。我也是这样做的。但实际上，我并不知道我的同事们是怎么做的。有时候我会听到孩子们说，在上一堂课上，有些事情是不允许他们说的，但是在我这里基本上就完全没问题。我也完全不知道家长们怎么看待这件事。事实上，我们学校在对于该如何对孩子进行性教育这一点上完全没有讨论过。这点其实挺奇怪的。"

跟你自己的孩子谈论性，和跟你工作中要照看的孩子们谈论性是不一样的。在第二种情况下，你必须时刻顾及这些孩子家长的意见和观点。性是育儿之中很多年幼孩子的家长难以托付给其他教育者的一个部分。

有些家长选择不回答孩子关于性的问题，或是直接制止孩子，但却不对性行为或相关行为作出更多的解释。更不幸的是，我们发现许多小学都对性教育不加以重视，因为教师担心家长可能对此会有负面反应，而不知道应该如何去处理这类教育。这很遗憾，因为现在已经有了关于这个话题极好的小学教材,你可以在本书末尾的书目清单中看到它。

除了小学这种基础教育单位,其他诸如日托所、青少年机构、课前和课后班等机构也在纠结,究竟自己可以提供什么程度的、与性有关的信息和性教育,以及孩子们的哪些行为是能够被接受的或是不能被接受的。

每一所从家长手中承担了一部分教育责任的机构或学校,都应当对于教育的方式有自己的立场(最好是明文规定在纸上),当然也包括该机构或学校对性教育的方式。正如每所机构或学校的家长都想知道孩子的上学和放学时间一样,家长们也想知道孩子就读的这所机构在其他事情上的状况,比如惩罚、欺凌,孩子们之间的社会交往,如厕训练的方法,是否在用餐前祈祷等等。这其中也包括性。家长们想知道孩子所在的机构或学校如何看待性与儿童之间的关系,会对儿童性行为作出何种反应,如何解决孩子们对此提出的问题等等。

在教育"性"的环境中,这些问题的清晰度被寄予了厚望。这不仅对把孩子托付给机构或学校的家长们来说如此,其实对于机构内部本身也是一样。因此书面的准则至关重要。这样一来,班主任、教师和其他教育者就会明白哪些话该说不该说,哪些事该做不该做,他们行事便有了明确的指导准则。

为了达成这样的准则,应该鼓励在学校或机构内部互相讨论这件事。这样一来，大家就会清楚同事们是如何看待涉及儿童与性有关的行为。因为一般你知道你的同事是如何看待欺凌或者打屁股的行为，但你却毫不清楚同事会对两个孩子玩医生扮演游戏这件事作何反应。想要落实这样的准则，并不需要所有人都达成一个一致的协定（这也是不可能做到的），只需要每个人都明白一个事实就好：个人意见不必与权威意见完全一致。

第六章　常见疑问

可以色情聊天吗？

"求助！我们发现12岁（！）的女儿在网络上用邮件跟男孩/男人们互发消息。她在里面写的内容，我们俩看了都脸红。简单来说吧，纯粹是绘声绘色的色情聊天。对方邮箱还具备视频装置，邮箱里还有一些照片。幸好那些照片是她从网上找的而不是她自己的。

我感觉我已经不认识自己的女儿了。她在客厅里发那些消息的时候，我们就在她旁边坐着。

起初她否认了这一切，但是因为所有的证据都与她说的自相矛盾，最后，她还是支支吾吾地说出了真相。她说自己从来没有进行过视频，而且在对方发出视频邀请的时候她马上就把它关掉了。我怀疑她的话到底是不是真的，我们感觉她还有所隐瞒。

她是怎么学会那些色情语言的？绝对不是我们教的。我从她的邮件里读到的那些话，我根本都不敢回想。我们家里也没有色情影片。她说有一次曾经'聊过'这些，然后就学会了。

我们对此无法理解。这是现在这个年代青少年一种正常的实验性行为呢？还是我们必须得带她去看医生了？

背景信息：她是一个普通的12岁女孩，在学校里表现很好，也有自己的闺蜜朋友。她说话很得体，也非常受欢迎。她是家里最大的孩子，后面还有两个弟弟。

附言：所以，网上聊天并不像人们所说的那么无辜……"

来自一位性教育专家贾斯汀·帕顿（Justin Pardon）的回复：

首先，我想强调的是，我真的很理解你的担忧。表现出性举止这件事对一个12岁的女孩来说确实还太早了，这也是你所没有预料到的。她对性的兴趣可能确实出现得早了一些，但是现在，在这方面，孩子之间的差异是很大的。有的孩子就是比其他孩子要对性更早一些产生兴趣。

您的孩子在互联网上很容易就会看到色情影片，或者在她进入一个聊天室的时候，正好碰到有人在通过色情聊天来寻求刺激，这些都不代表她一直刻意地寻找色情的东西。这件事可能确实就像她说的那样，是意外发生的。

> 请不要让孩子因为自己对性所产生的兴趣而感到内疚。

第六章 常见疑问

遗憾的是，现在的家长需要非常努力才能避免孩子过早接触色情事物。互联网和社交媒体确实不是"无辜的"。但我们的孩子也失去了自己的天真……

对于极易受影响的年幼孩子们来说，诸如网络过滤器和儿童浏览器等技术性工具仍然是有用的。但对于大一点的孩子来说，事情就没那么简单了。年长一些的孩子肯定已经能够避开网络封锁查找关于性的信息，也不会马上就被家长抓住来警告一番。

但不管怎样，到目前为止，您已经不能再袖手旁观了——您的女儿已经逐渐陷入了一场刺激而又危险的游戏之中。

您在她身边时她还能忙着发色情邮件这件事表明，她自己也觉得这件事很刺激。电脑确实就在客厅里，这其实是很好的，但正如您所看到的那样，这样做并不能保证孩子就不会做出格的事，也不能保证上网就毫无风险。

您在这种情况中做得（也）很好的一件事就是，跟您的女儿谈论您所发现的事情。您的女儿年龄还小，所以我们觉得您严格把控她的上网渠道这件事很正常。也是因为这样，您才发现了这件事。

所以，您直面自己的女儿并与她谈这件事是件好事。也许您不得不告诉她更多有关外面世界中的风险。

不过无论如何，您都需要跟她讲清楚所存在的风险。

比如：

——与陌生人接触的危险。

——在互联网上与年幼的儿童获得接触的恋童癖男人。

——与在网上认识的人约会（这一点您必须禁止）。

您必须得将一切向您的女儿解释清楚，好让她明白为什么您会因为这件事而如此震惊。当然，告诉您的女儿，您愿意给予她应有的信任也是很重要的。尽管她的隐瞒和否认已经对这份信任造成了轻微的损坏，但她仍然可以重新获得这份信任。

为此，您可以和女儿对于使用互联网做一个约定：一起制定她在用网时必须遵守的规则。同时，也要向她表明，她不遵守这些规则的后果是什么，例如除了上课以外，不能再使用电脑。告诉她，您会在这段时间内定期检查她在网上都做了什么事情。

乐观地看待这件事，同时也把它看作是一个与您的女儿进行沟通，和向她传递您的准则与价值观的契机。

虽然青少年往往对自己父母的价值观嗤之以鼻，但他们却也期待您给他们设定边界，并希望他们能严守这一界限。

注意：请不要让孩子因为自己对性所产生的兴趣而感到内疚，因为这会破坏您与孩子之间的关系。破坏和孩子的关系，不仅令人遗憾，而且非常危险，因为一旦她

第六章　常见疑问

真的陷入麻烦时,她有可能不会再将您视作她可以信任的人。

以上我的表述,您应该已经明白,您女儿的行为还无需去寻求专业的帮助。她只是在自己的成长过程中表露出来这种好奇又刺激的行径。您完全可以坦诚地告诉她,您认为这样的事情对她来说还太早,并且您对她使用露骨的语言感到震惊。但是她对自己边界的探索和情感的试验,是一件非常正常的事情。

就这件事本身而言,您不必担心,但记得,跟孩子亮明自己的界限非常重要。所以,请您将她每天使用电子邮箱或网络社交聊天软件的时间限制在一定范围内,并且施行你们所约定的行为规则。

假如她没能坚持遵守您的规则,并且偷偷地继续进行这件事,或是假如您察觉到她并没有理解您对这件事的不安,那么您必须得坚定自己的立场。请您严格执行针对她的错误行为所制定的措施,并不断向她重复为什么您觉得这些规则很重要。

也请您记住,您的女儿之所以可能会觉得这种形式的联络有趣,是因为这件事满足了她的自尊心,让她感到自己对他人而言富有吸引力,而不是像在生活中被人忽视存在。

因此,也请您想一想,您女儿被他人认同和肯定的需求是否在家中获得了满足。您在来信中没有提到这个方面，但是举个例子，她是否跟她的父亲关系融洽？您与您的伴侣感情是否和睦？她是否在家庭中获得了足够的关注？她的父亲有没有告诉过她，她可爱而又美丽？他（以及您！）是否意识到她从小女孩成长为年轻女人的转变？

  祝您成功！

给孩子、家长、老师和其他教育工作者的书籍

如果手边有本合适的书，那么在跟孩子谈论性的时候，事情就会变得轻松一些。年幼的孩子们很喜欢和别人一起看书、阅读。年长一些的孩子会更愿意自己读这个主题的书。最后，还有一些给教育者自己的书。

当然，这份书目清单并不详尽。每天都有新书上市，也会有旧书在书店停售。你也可以在网络书店中搜索这个主题。

给孩子的书：

《学会说"不"》[荷]桑德琳·范·德·杜夫 著，[荷]玛丽安·拉托尔 绘；

《我喜欢你》[荷]桑德琳·范·德·杜夫 著，[荷]玛丽安·拉托尔 绘；

《你也喜欢我吗？》[荷]桑德琳·范·德·杜夫 著，[荷]玛丽安·拉托尔 绘；

《青春期读本》[荷]桑德琳·范·德·杜夫 著，[荷]玛丽安·拉托尔 绘；

给孩子、家长、老师和其他教育者的书籍

《珍爱生命——幼儿性健康教育绘本》（9册）刘文利 主编；

《珍爱生命——小学生性健康教育读本》（1-6年级12册）刘文利 主编；

《猜猜我有多爱你》[爱尔兰]山姆·麦克布雷尼著，[英]安妮塔·婕朗绘，梅子涵译；

《小威向前冲》[美]尼古拉斯·艾伦著，漆仰平译；

《小鸡鸡的故事》[日]山本直英著，[日]佐藤真纪子绘，蒲蒲兰译；

《乳房的故事》[日]山本直英著，[日]佐藤真纪子绘，蒲蒲兰译；

《妈妈的肚脐》[日]长谷川义史 文/图，朱自强译；

《我爸爸》[英]安东尼·布朗 文/图，余治莹译；

《我妈妈》[英]安东尼·布朗 文/图，余治莹译；

《朱家故事》[英]安东尼·布朗 文/图，柯倩华译；

《各种各样的家庭——家庭超级大书》[英]玛丽·霍夫曼著，[英]罗丝·阿斯奎思绘，黄筱茵译；

《不要随便亲我》[德]佩特拉·敏特尔著，[德]萨比娜·威默斯绘，刘敏译；

《不要随便跟陌生人走》[德]佩特拉·敏特尔著，[德]萨比娜·威默斯绘，刘敏译；

《不要随便摸我》[美]珊蒂·克雷文 著，[美]茱蒂·柏斯玛 绘，刘敏译；

《鳄鱼爱上长颈鹿》《搬过来，搬过去》《天生一对》[德]达妮拉·库洛特 文/图，方素珍 译；

……

给家长、教师和教育者的书：

《从尿布到约会：家长指南之养育性健康的儿童（从婴儿期到初中）》[美]黛布拉·W. 哈夫纳 著；

《和孩子谈谈性：0~12岁家庭性教育完全读本》白璐 著；

《金赛性学报告》[美]阿尔弗雷德·C·金赛 著，潘绥铭 译；

《认识性学》[美]雅博等著，爱白文化教育中心译；

《新性知识手册》阮芳赋 著；

……

网站：

桑德琳·范·德·杜夫 个人主页

www.sanderijnvanderdoef.nl

提供培训、咨询和书籍的相关信息。

参考资料

1. 中央统计局，网络杂志，2012年6月15日
2. 《生活世界的数字化》L. van Dijk，J. de Haan 及 S. Rijken. 著——运用SCP分析法的报告
3. 《成长中的性》H. de Graaf 及 J. Rademakers. 著 – Rutgers Nisso Groep 2003年出版
4. 《儿童与性，0~17岁的少儿性教育》S. van der Doef 著 2004年出版
5. 《儿童及其身体体验》M. Laan. 著 1994年博士论文
6. 《性！》R. van Lunsen 著 2016年
7. 《8~9岁儿童身体体验》M. Laan. 著 1994年博士论文
8. 《爱上互联网》J. Pardoen 及 R. Pijpers 著. 2006年
9. 《你25岁之前的性》H. de Graaf e.a. 著 2005，2012-2017年
10. 《与你的孩子谈论情爱关系与性》S. van der Doef 著，S. – NIGZ 2006年出版.
11. 《抚摸我》收录于2005年10月《心理学杂志》
12. 欧洲性教育纲要，世界卫生组织欧洲区域办公室和联邦卫生教育中心，2010年

13.哈利·哈洛，美国心理学家(1905~1981)，曾在上世纪五十到六十年代做过几个猴子实验，表明母婴之间亲密和依恋关系的发展

桑德琳·范·德·杜夫（Sanderijn van de Doef）的其他著作

《我喜欢你》

幼儿通常对出生和性有着浓厚的兴趣。家长和教育者们往往很难开口去谈论这件事。但是不去深入处理这份好奇心是不正确的。这本启蒙书专为学龄前幼儿设计。它借助丰富而多彩的插图和简单易懂的语言讲述了婴儿从何而来，男孩与女孩的不同，也讲述了爱情和性的感受。

《你也喜欢我吗？》

这是一本针对7至11岁儿童的关于性的书。性到底是什么？男孩和女孩彼此之间差别在哪？为什么会这样？当你长大成人时，你的身体会发生什么样的变化？喜欢一个人和爱一个人的不同是什么？本书也对生殖、生育和遗传进行了探讨，但并没有使用某一系列与性有关的词。《你也喜欢我吗？》这本书用简单易懂的语言传达了清晰明确的信息。同时，本书借助幽默而翔实的插画，向孩子们传达了性并不奇怪或是肮脏的"信息"，与之相反，在大多数情况下，性都是特别美好而愉悦的！

本书被授予"畅销童书奖（Kinderboekwinkelprijs）"。

《学会说"不！"》

孩子们很擅长发自肺腑地大喊"不！"，尤其是站在超市正中间时。让孩子们吃苦苣的时候，说"不"总是一件很容易的事。但面对想要玩你的球的邻居家男孩时，小声地说不已经是一件很勇敢的事了。对超喜欢拥抱的那个阿姨说不，往往会让人扫兴。那要是一个认识的人非常和蔼地问能不能看看你的屁股，怎么办呢？

作为家长，幼儿园老师或孩子的照看者，你希望孩子能在恰当的时候说"不"和"好的"，而不是让他们在欺负自己的人面前感到害怕。什么时候该说"不"，什么时候该说"好"，更重要的是：你怎么说出来？

关于应变能力的轻松幽默绘本。